novum pocket

Lena Marie Brecht

Träumst du noch oder lebst du schon?

Träume leben

novum pocket

Bibliografische Information
der Deutschen Nationalbibliothek:

Die Deutsche Nationalbibliothek
verzeichnet diese Publikation in der
Deutschen Nationalbibliografie.
Detaillierte bibliografische Daten
sind im Internet über
http://www.d-nb.de abrufbar.

Alle Rechte der Verbreitung, auch
durch Film, Funk und Fernsehen, fotomechanische Wiedergabe, Tonträger, elektronische
Datenträger und auszugsweisen
Nachdruck, sind vorbehalten.

Gedruckt in der Europäischen Union
auf umweltfreundlichem, chlor- und
säurefrei gebleichtem Papier.

© 2024 novum Verlag

ISBN 978-3-903468-34-4
Umschlagfoto:
Angelo Cordeschi | Dreamstime.com
Umschlaggestaltung, Layout & Satz:
novum Verlag

www.novumverlag.com

Inhaltsverzeichnis

Träume – ein Gamechanger
oder unser Untergang 7
Dort, wo alles beginnt
und sich alles wenden kann 11
Wieder einer dieser Tage 51
Gedankenkarussell trifft Tunnelblick 67
Wenn alles nur ein Traum wäre 79
Das Ende einer Ära 81
Wendepunkt 86
Der Weg 88
Kopf gegen Bauch 92
Erntezeit 94
Zeit zum Leben 99
Traumland 102
Verwandlung 106
Altes loslassen, um neue Türen zu öffnen 109
Umsetzungszeit 114
Gänsehautmomente – wenn Träume
wahr werden 121
Erinnerungen – wo eine Tür
sich schließt, öffnet sich eine Neue 124
Von Herzen Danke 126

Träume – ein Gamechanger oder unser Untergang

Ein Traum kann aus einer Idee entstehen, aus etwas das wir irgendwo gesehen/erlebt/mitbekommen haben, oder aus einem Gefühl oder Bildern.

Vielleicht kennst du das auch: wir halten fast in unserem Leben die Welt für einen Regenbogen alles um uns herum, wirkt bunt und schillernd und wir sind von Träumen erfüllt in manchen Momenten im Leben. Wiederum scheinen uns die Träume nicht zu sein, aber das stimmt gar nicht, wir sind mal ein Teil von uns und sie sind immer Begleiter unseres Lebens. Es gibt einfach Momente, da verlieren wir vielleicht etwas durchs außen abgelenkt den Fokus darauf was wirklich sein wollen können und was alles in uns steckt, aber mach dir keine Sorgen, unsere Träume werden immer ein Teil von uns sein und allein dir ob du sie beerdigen willst, irgendwo in dir vergraben oder ob du bereit bist sie in die Hand zu nehmen anzuschauen und für sie loszugehen und bitte bedenke immer alles was im außen auf dich einwirkt, was dich vielleicht niederschmetternd oder auch auf höchste Podeste heben mag, alles liegt in dir und wenn ich dir eins mittlerweile sagen kann, dann ist das jeder Traum und jedes Gefühl aus dir hinaus entsteht und die Menschen, die dir im Leben neu begegnen oder die dich auf dem Weg begleiten, die immer wieder das Spiegeln werden, wie es in dir aussieht und was du gerade bereit bist für dich in deinem Leben einzustehen. Viel mehr so viel Vision. So viele Dinge, die du erschaffen kannst und einfach alles möglich ist das wichtigste, was du immer in dir halten darfst, oder woran du dich immer erinnern darfst, ist das ja, dass du eben der Mensch bist, der neben kreieren erschaffen kann und niemand anderes. Du kannst natürlich darüber sprechen oder du kannst dir Hilfe suchen, wenn du vielleicht mal ins Stocken kommst, aber letztendlich liegt jede Antwort in dir selbst drin. Und ja, die Inspiration für dieses Buch, für diese nachfolgenden Seiten, die hier folgen werden, sind tatsächlich Begegnungen in meinem Leben, die mir gezeigt haben, wie viel Menschen Träume in sich tragen und sich das gar nicht bewusst sind oder sich im Verborgenen verstecken, weil sie Angst haben zu versagen oder weil irgendwelche anderen Blockaden sie davon abhalten diese Gold Nuggets zu leben. Diese brillanten diese Diamanten aus, sich herauszuholen und wenn wir mal ganz ehrlich sind, unsere Welt um uns herum kann so strahlend sein, wenn wir selbst bereit sind unser Strahlen selbst hervorzuholen und damit rauszugehen, aber das wird keiner für dich tun, keiner wird kommen und sagen hey du und geh raus und leb dein Feuerwerk der Welt wie krass du strahlen kannst, dann ist deine Aufgabe deine allein und ja ein paar Inspirationsquellen von meiner Seite oder auch ja vielleicht Lebenserfahrung möchte ich dir in diesem Buch teilen und dir auch eine Geschichte von einer jungen Frau mit auf den Weg geben, die, sagen wir mal auch, die nicht so schönen Seiten des Lebens erleben durfte, um an sich zu wachsen um aus der tiefsten Talfahrt ein wunderschönes Leben starten zu können, in einem Hintergrund sie hat immer an dich geglaubt und sie hat auf der anderen Seite aber auch die Bereitschaft gehabt Hilfe anzunehmen und um Hilfe zu bitten um daraus zu kommen und damit meine ich es nicht, dass sie irgendwie irgendwelche komischen Sachen gemacht hat, sondern einfach Dinge im Leben erlebt hat, die vielleicht nicht jedem geläufig sind, aber die das Leben einfach bereichern können und ja im Endeffekt gibt es eine Person, die dein Leben ausmacht und jeder in den Bereichen kann und das bist du selbst, kein anderer, kein Retter wird kommen und dich da rausholen und warum das so wichtig ist, es so zu betonen oder warum das vielleicht auch so auf die lesen kannst. Wichtig ist, du kannst trainieren gehen und dich nach einem Tag fragen warum bin ich jetzt kein Bodybuilder? Du kannst eine Diät anfangen und dich nach einem Tag fragen warum hab ich nicht zehn Kilo abgenommen? Du kannst anfangen ein Buch zu schreiben und du siehst die Lernzeit und fragt dich warum bin ich kein Buch Autor oder du kannst so viele verschiedene Dinge anfangen und die beenden, weil du den Glauben an dich selbst daran nicht hast, aber das alles, was in dir ist, kann das Licht kommen und alles, was du sein möchtest, kannst du sein, also warum möchtest du nicht einfach ein Stück für dich selbst strahlen, was heißt ein Stück Scheiße so viel du kannst du viel willst. Dann alles ist möglich, denn alles ist möglich. Träume sind ja eine Art, die jeder Mensch unterschiedlich wahrnehmen kann. Vielleicht hat er Bilder im Kopf oder? Sieht den Traum bis ins kleinste Detail vor sich. Vielleicht kennst du solche Situationen aus deinem Leben, dass du ein Gefühl oder ein Bild hast. Von die einen sind vielleicht mir die Bilder die Gefühle dazu oder auf welche Art du auch immer deine Träume wahrnimmst, das ist völlig offen, aber im Endeffekt geht es darum, du hast Visionen, was diese Idee und diese Idee wird lebendig und Liste lebendiger sie wird, desto echter sie sich anfühlt, desto schneller kann sie auch in Erfüllung gehen, so viele Wunder möglich das Gefühl haben, dass wir gegen die Wand drin, vielleicht musst du Zähne mit dem Kopf gegen die Wand rennen, um festzustellen, dass genau das der richtige Zeitpunkt ist, um dieses Leben zu leben, was du leben möchtest, leben kannst und leben wirst.

Er kann uns die größte Inspirationsquelle sein, unabhängig von allen äußeren Umständen, ihn zu unserer Realität wachsen und gedeihen zu lassen oder aber auch unser eigener Untergang. Das klingt erst mal nach zwei extremen Richtungen, doch wenn wir mal ehrlich sind, können wir uns auch auf allen Ebenen dazwischen bewegen. Nur das, was wir uns von unserem Leben erhoffen und wie wir es gestalten möchten, können wir im Endeffekt nur selbst in die Hand nehmen.

Wollen wir nicht einfach alle glücklich sein? Und die Definition von Glück sieht – zum Glück – jeder anders. Glück beginnt bei dir selbst. Bei keinem anderen und das ist auch gut so. Nur, viele Menschen sehen häufig Glück in den Menschen um sie herum, den Lebensumständen oder gar Materiellem. Wie viel einfacher kann es doch alles gehen, wenn wir einmal begriffen haben, dass alles, was unser Leben ausmacht, einzig von uns aus kommt.

Dort, wo alles beginnt und sich alles wenden kann

Ist dein Glas halb voll oder halb leer? Und wie wichtig bist du dir selbst? Bist du frei und unabhängig? Fazit: gibst du dir selbst alle Möglichkeiten und Freiheiten, um dir zu erlauben, dass du der wichtigste Mensch in deinem Leben bist und deine Träume lebst?

Wie sehr liebst du dich selbst und demnach wie viel Wert stellst du dir selbst gegenüber? Was ich damit meine? Das ist doch relativ einfach: wenn du dir die Frage stellst, ob du wirklich alles dafür tust selbst glücklich zu sein oder allerdings mehr darauf achtest, dass es deinem Umfeld gut geht und dich vielleicht dabei sogar vergessen magst, dann hängt dein Glück mehr von äußeren Umständen ab.

Wenn du dich allerdings selbst liebst, dann bist du selbst die Liebe des Lebens. Und damit meine ich in keiner Weise irgendeine Art von Egoismus. Vielmehr geht es darum sich selbst so zu umsorgen, dass es einem selbst gut geht. Unabhängig davon, was um dich herum geschieht. Damit verbunden ist auch sehr eng dein Selbstwert. Wie viel bist du dir selbst wert? Geht es dir mehr darum anderen zu gefallen und einem Idealbild zu entsprechen und danach nur noch nach zu eifern? Oder allerdings erkennst du deinen eigenen Wert? Damit meine ich, dass du eben nicht ständig die Bestätigung von außen brauchst. Sondern deine Ausrichtung ist so aufgestellt, dass du deinen Wert kennst und für deinen Wert und deine Ideale einstehst. Was meine ich wohl mit einstehen? Im Grunde genommen, dass du deinen Wert so verinnerlicht hast, sodass äußere Umstände keine Zweifel an dir aufkommen lassen. Du vertraust dir bedingungslos und damit kommen wir auch schon zum dritten Punkt. Deinem Selbstvertrauen. Oh und damit meine ich wie sehr vertraust du dir selbst? Triffst du Entscheidungen aus deinem Vertrauen heraus? Hast du vielleicht sogar eine Art Kontroll-Idealismus, dem du nachgehst. Also ständige Bedürfnisabsicherungen in deinem Leben zu bekommen. Oder aber triffst du deine Entscheidungen im Leben aus deinem persönlichen Vertrauen heraus? Die drei Timfelder Selbstliebe Selbstvertrauen und Selbstwert sind eng miteinander verbunden, sodass sie im Endeffekt eins werden. Denn diese drei Themen erschaffen im Endeffekt dein sein.

Und by the way ist dir eigentlich mal aufgefallen dass das, was du am meisten an anderen suchst, genau das ist, was du eigentlich in dir suchst? Wie oft hast du die Frage gestellt warum meldet sich Person XY nicht bei mir? Und hast du dann mal für dich reflektiert, dass genau dieses Nichtmelden vielleicht genau das ist, was du gerade nicht bei dir tust? Dass das, was dich in deinem Inneren beschäftigt auch einfach an deinem Äußeren wiedergespiegelt wird. Uns fällt es einfacher auf das zu schauen, was im außen geschieht. Die Frage, die dahinter steht, ist aber viel mehr was beschäftigt uns in uns selbst. Denn alles das passiert letztendlich auf dem Gesetz der Anziehung. Und wenn du nun die Frage stellst warum gerade so etwas manchmal im Leben ist wie es ist oder wie es zu sein scheinen mag, dann stell dir eher die Frage wohin das du bei dir schauen? Und auf dem Weg dorthin wo dein Traum in dir schlummert passiert es immer mal wieder, dass du über Steine krabbeln musst, dass du Tränen fließen lassen musst, dass du Türen aufschließt und wieder zuschließt. Dass es Momente in deinem Leben gibt, in denen du vielleicht zweifeln magst. In denen du dich vielleicht alleine fühlen magst. Vielleicht ist aber manchmal auch wirklich nur dann ein vielleicht, wenn uns der wahre Grund dahinter plausibel erscheint und der verbirgt sich manchmal hinter einer ganz anderen Tür. Eine Tür, die wir vielleicht auf Anhieb nicht öffnen können, weil wir sie nicht sehen. Warum sehen wir sie nicht? Meistens wollen wir sie gar nicht sehen. Aber sind wir mal ehrlich, macht das für uns irgendwas einfacher, wenn wir uns lieber damit quälen was gerade schief läuft, was vielleicht nicht da ist, uns auf den Mangel konzentrieren und dadurch genau diesen Mangel anziehen. Bedingungslose Ichkeit uns gegenüber und dadurch auch anderen Menschen gegenüber passiert allerdings darauf, dass wir keine Bedingungen an etwas stellen. Ich möchte es an dieser Stelle mal anhand eines Beispiels festmachen: stell dir vor du erwartest von einem Freund, dass er dir mehr Aufmerksamkeit schenkt, dass er sich mehr bei dir meldet oder sie wenn es eine Freundin ist. Wer genau sagt dir aber, dass diese Person das genauso sieht wie du? Wir alle haben unsere Prägung im Laufe unseres Lebens durchlaufen und sehen dadurch die Dinge auf Situationen auf Begegnung auf Beziehung komplett unterschiedlich. Manchmal kommunizieren wir das dann auch und haben das Gefühl die Person oder unser gegenüber nimmt es gar nicht wahr oder auf und sind dann frustriert. Kennst du vielleicht solche Situationen? Warum vielleicht weil vielleicht immer eine Theorie sein kann, der wir das Dasein noch nicht ganz aberkannt haben. Wir vermuten etwas zu sehen, etwas zu spüren oder etwas wahrzunehmen was eine andere Person vielleicht sogar ganz anders wahrnimmt. Warum genau interpretieren wir eigentlich immer so viel in Dinge und an dieser Stelle wieder bewusst, dass eigentlich spielt eine große Rolle, weil diese Vermutung uns auch unglücklich machen können, weil wir sie als Realität ansehen. Dabei ist aber darauf zu achten, dass unsere Realität durch uns selbst erschaffen wird. Durch unsere Gedanken, durch unsere Gefühle durch unser Sein. Hier mal ein Beispiel du hast ein Zahlenstrang von einem Monat: du beginnst am Tag eins mit einer Diät und setzt dir als Ziel nach diesem einen Monat hast du 3 kg abgenommen. Am ersten Tag achtest du sehr gut auf deine Ernährung, du machst Sport, du bist laufen, du fühlst dich super. Am zweiten Tag jedoch fühlst du dich nicht so gut, hast du Muskelkater vom Laufen und beschließt daher einen Tag Pause einzulegen. Du denkst dir „na ja also wenn ich ohnehin heute einen Tag Pause mache, dann kann ich auch was leckeres essen" und holst dir Fastfood. Am dritten Tag ist dann Muskelkater noch schlimmer. Du hast nun die Option du gehst durch die Schmerzen durch, gehst wieder laufen, achtest auf deine Ernährung oder jedoch du hältst den Schmerz und gönnst dir lieber noch mal was deftiges und gutes zu essen. Was am Ende dieses Monats auf deiner Waage steht und jetzt endlich über dein Erreichen oder Nichterreichen das Ziel entscheidet ist ganz klar eins: Die Summe deiner Gewohnheiten wie du jeden Tag aufs Neue für dich einstehst und dich dabei fühlen möchtest. Und so ist es mit allem im Leben, du hast jeden Tag die Wahl, setzt du dich weiter in den Schmerz hinein und stellst deine Ziele und deine Freiheit und dein Glück hinten an oder aber erlaubst du es dir jeden Tag für dich so zu gestalten als wäre es dein letzter. Ich weiß es klingt an dieser Stelle ziemlich hart, aber worum es mir eigentlich geht es dir zu zeigen, dass alles möglich ist. Wir uns aber im Endeffekt genau aus diesem Zoom ergeben, die wir jeden Tag abbilden. DU allein entscheidest darüber, ob du deine Ziele erreichen kannst, willst oder wie wichtig diese dir auch sind. Erlaube dir dennoch dabei auch mal kleine Auszeiten zu nehmen oder auch mal Tage zu haben, an denen vielleicht nicht der allerbeste Tag für dich ist, an den noch mal Tränen fließen, an dem du mal alles in Zweifel stellst, und vielleicht auch einfach mal nicht den Kopf dafür hast an dein Ziel zu glauben oder vielleicht auch dein Gefühl dazu nicht passt. All das ist menschlich und diese Erfahrungen sind wichtig um am Ende das zu schätzen was übrig bleibt und was dich dann wieder glücklich macht. Lass dich dabei nicht von deinem Außen ablenken oder von Menschen, die vielleicht dir etwas als ihres aufdrücken möchten, weil Neid oder andere Faktoren mit in die Karten spielen. Was genau ich damit meine, möchte ich dir wieder in einem kleinen Beispiel erklären: vielleicht ist dir mal aufgefallen, dass manche Menschen, die richtig Energie geben, wenn du mit ihm im Kontakt bist, aber auch andere Menschen, die gefühlt Energie rauben, wenn du mit ihm im Kontakt bist. Dabei reicht es manchmal schon ein Telefonat zu führen oder sonstiges, das muss nicht immer wirklich was großes sein, dennoch gibt es diese Menschen. Du hast also die Wahl, welche Art von Menschen du dir in deinem Leben wünscht, die, die Energie leben, die so leben wie du gerne leben würdest oder wie du lebst oder eben diese die all das verkörpern, was du nicht mehr in deinem Leben haben möchtest. Es ist deine Wahl, du hast jeden Tag die Wahl jede Sekunde aufs Neue in jedem Augenblick und lass dir nicht sagen, dass du etwas nicht schaffen kannst oder wenn mal ein Tag nicht so gut, weil du 10.000 Schritte zurück gegangen bist. Das alles ist Blödsinn und das weißt du auch, meistens sind es unsere Ausreden, die uns dann wieder ins Zweifeln bringen lassen von wegen „ach, ich schaff das eh nicht", aber das stimmt nicht. Denn alles, was du dir träumen kannst, kann in Erfüllung gehen. Und vielleicht ist ja auch mal der Unterschied aufgefallen wie sich manche Träume und Wünsche anfühlen, auch hier möchte ich dir gerne wieder ein kleines Beispiel geben: stell dir vor du siehst ein paar wunderschöne Schuhe oder was auch immer auf einer Internetseite angezeigt. Du denkst ja wow die muss ich haben, die sehen echt nett aus und irgendwie hast du nicht so das Glück und findest sie auch erst gar nicht. Oder aber du hast auf einmal so dieses Gefühl so ein Bild oder so ein Gefühl von etwas im Kopf, wie du beispielsweise eine Straße lang gehst und wunderschöne Schuhe anhast und du siehst sie vorne und du kannst es richtig fühlen und sehen wow ja wenn ich diese Schuhe hab cool und du wirst sie finden, im Prinzip sind beide Gedankengänge die gleichen, aber: der Unterschied ist einmal kommt etwas aus dir heraus und du willst es wirklich und einmal glaubst du etwas zu wollen. Und hier liegen für uns die Gefahren im Alltag, gerne bekommen wir etwas vorgelebt, von dem wir dann im Endeffekt glauben, dass wir unser Ziel, unseren Wunsch, unseren Traum oder wie auch immer und dabei ist es vielleicht gar nicht weit ist der Traum, der Wunsch oder die Sehnsucht einer ganz anderen Person oder sogar Massengruppe ist. Deswegen achte bitte immer darauf nicht an dir zu zweifeln oder deprimiert zu sein, warum manche Dinge im Leben klappen und warum manche nicht, stell dir vor alles würde sofort immer klappen wie jeder Mensch es gerne hätte, wenn wir alle super happy und keiner hätte mehr irgendwelche Ziele und Träume, auf die er hinausarbeiten könnte, weil immer alles auf Anhieb funktionieren würde. Der Zauber hinter dem Ganzen ist total einfach zusammengefasst: folge deinem Gefühl, folge deinem Traum und folge deiner persönlichen inneren tiefsten Sehnsucht und zwar aus reinem Herzen heraus mit guten Absichten und alles zum höchsten Wohle dir selbst und auch andere. Was ich damit meine ist, dass wir weniger erfolgreich auf Dauer etwas zu wünschen was womöglich anderen Lebewesen schaden könnte. Sondern es geht schlichtweg immer darum so zu leben um alles zu guten trennen zu wollen. Und wo wir gerade dabei sind, vielleicht ist heute jetzt genau in diesem Moment für dich die perfekte und die passende Zeit. All das loszulassen, was dir nicht dient und für all die Wunder und Möglichkeiten, die noch offen stehen.

Aber nun an dieser Stelle die nunmehr viel spannendere Frage was dient uns nicht genau? Ein Beispiel möchte ich dir nennen: du hörst ein Lied und unbewusst kommen die Emotionen hoch, die für den aktuellen Zustand in deinem Leben nicht einordnen kannst, weil du sie in einem früheren Abschnitt deines Lebens kanntest. Nun kommen wir an den Punkt, an dem uns manchmal unser Unterbewusstsein einen Streich spielen mag, liegt es daran, dass wir manchmal Emotionen unterbinden oder eben auch nicht richtig zum Ausdruck bringen möchten oder können in diesem Augenblick und sie begraben sie.

Häufig kommt dann dieser Augenblick in unserem Leben, an dem wir zum Beispiel ein Lied hören und uns auf einmal wieder Bilder hoch schießen und wir auf einmal eins zu eins das Gefühl haben, in dieser alten Situation drinzuhängen. Dass das allerdings absoluter Blödsinn ist verstehen wir häufig nicht. Vielmehr fragen wir uns aus dieser Situation heraus was mit uns nicht stimmen mag, warum wir an diesen alten Emotionen nach wie vor festhalten. Dann ist es ratsam sich die Frage zu stellen hängen wir wirklich noch daran und ist die Situation, in der wir uns aktuell befinden, tatsächlich genau wie diese, in der wir uns damals befunden haben? Denn wenn wir mal ganz ehrlich mit uns sind, selbstverständlich können Situationen ähnlich auftreten im Leben und manchmal müssen wir immer wieder weg gehen, um zu verstehen welcher Weg für uns gut und weniger gut ist. Aber das entscheidende daran ist, dass jede Situation genau so einzigartig ist wie wir Menschen es auch sind, jeder Mensch ist einzigartig in seinem Sein und genauso ist jede Situation einzigartig in seinem Sein. Wie also kann es nun sein, dass wir sowas wieder hoch holen oder uns damit wieder beschäftigen. Dann stellt sich doch im Endeffekt die Frage, sind wir es vielleicht einfach? Also versteh mich nicht falsch an dieser Stelle, ich kenne die Situation einfach eins zu eins sehr gut, aus dem, was ich erfahren habe, und wie die und in dem ich gelebt habe und oftmals sind es nicht die Situation, die wir eins zu eins wieder erleben, sondern vielmehr sind es Emotionen, und sie uns nicht mehr dienen und aussehen wir entweder unsere Lernerfahrung gezogen haben und sie damit loslassen und gehen lassen dürfen oder aber vielleicht auch eine Art Warnsignal sich auf gewisse Situationen besser nicht einzulassen oder sie anders zu lenken. Und jetzt magst du dir denken was meint sie auch noch mit lenken? Mit lenken meine ich genau das, was ich eben geschrieben habe. Wir, jeder von uns, jeder einzelne ist in der Lage sein Leben zu lenken, nicht unbedingt in Richtung, aber werde dir eins bitte bewusst und zwar, dass deine Macht der Anziehung so kraftvoll und so magisch ist, das es tatsächlich was mit Lenkung zu tun hat. Wir kommen an dieser Stelle noch mal auf das Beispiel mit der Musik zurück. Also stell dir bitte einmal vor du hörst diesen Song, den du vor zehn Jahren schon mal gehört hast, vor Zeitraum X und auf einmal merkst du, wie ein Gefühl von dir hochkommt, jetzt mal als Beispiel die Angst verlassen zu werden, nicht gut genug zu sein. D.h. du verknüpfst dieses Lied mit einer Emotion, die im Moment oder für den Augenblick in deinem Hier und Jetzt eine Rolle spielt, aber dennoch kommt diese Emotion in dir hoch. Mit dem lenken meine ich nur du hast zwei Optionen, wahrscheinlich hast du noch unendlich viel mehr, aber im Grunde genommen geht es hier nur ganz krass gesagt um zwei Optionen. Deine Option Nummer eins ist du lässt dich voll auf diese Emotionskiste ein, hinterfragst nicht, du lebst diese Emotion auch immer völlig aus, du hast Angst verlassen zu werden, allein zu sein, dass irgendwas schlimmes passieren könnte, und legst deinen kompletten Fokus, deine komplette Energie auf diese Emotion. Mit der Magie im Leben meine ich dennoch kein Hokuspokus, sondern für all diejenigen unter uns oder unter euch, die eventuell weniger spirituell zu begeistern sind, ist es ganz einfach mit der physikalischen Gesetzgebung und der Kraft der Anziehung zu erklären. Unsere Gedanken sind immer genau diese Emotion und sein Leben, die wir zulassen, die wir ausleben, die zu unserem Leben werden und demnach ziehen wir alle das genau unser Leben, was wir ausleben, zum Teil auch unbewusst. Stell dir bitte weiter vor du lebst diese Energie der Ablehnung des Mangels weiter komplett aus und übernimmst diese für deine jetzige Situation und um das Beispiel zu verfeinern du hattest damals eine Beziehung und verbindest dieses Lied damit und es lief etwas schief und das ganze ist zu Bruch gegangen und du befindest dich gerade im Aufbau einer neuen Beziehung, in deinem Hund jetzt alles damit alles einfach alles und auf einmal fragst du dich was in deinem Leben los ist, warum alles, was vorher so leicht und so kraftvoll schien, auf einmal so trübe und so dunkel ist. Und all diese Dinge, für die du dich begeistern konntest, für die kannst du dich auch nicht mehr begeistern. Und du siehst auch in deinem Partner in dem gegenüber nur noch diese Dinge, die du nicht haben möchtest, die dich abschrecken ganz gleich, ob du vielleicht wahrscheinlich sogar genau vorher diesen Partner in dein Leben gewünscht und manifestiert hast. In diesem Augenblick wird all das, was vorher so leicht, so kraftvoll, so magisch für dich war zu dem gedreht, was du vor zehn Jahren erlebt hast als Beispiel. Und du bist überhaupt nicht mehr offen für all die Wunder, all diese Geschenke deines Lebens anzunehmen, weil du so mit deinem Fokus auf diesen Mangel bist. Du fängst an deinem aktuellen Partner zu erklären was gerade alles schief läuft und warum du mit den Dingen oder mit den Umständen, unter denen euch kennengelernt und am Anfang total in Ordnung für dich waren, aber vollkommen infrage stellst und ablehnst. Du fängst an mit Menschen darüber zu sprechen, denen du wiederum ja natürlich aber nur deine subjektive Wahrnehmung darstellen kannst. Und diese Menschen finden auf einmal auch eure ganze Art der und vermeintlichen Beziehung völlig rätselhaft und ablehnend. Und aus diesem Grund fängst du immer weiter und tiefer an zu grübeln bis diese Art von Mangelerscheinungen so krass dein Leben im Griff haben, dass deine ganze Welt wie ein Kartenhaus zu zerbrechen droht. Nun sollte sie sich vielleicht aber die Frage stellen, tut sie das wirklich? Oder ist es deine Emotionen, die dich so im Griff hat, dass du unbewusst oder bewusst deine jetzige Situation genau in diesem Mangel, in diesen Verbrecher-Modus hineinreitest, in dem du eigentlich gar nicht sein möchtest? Überlegen wir einmal logisch, rational, das schlimmste, was daraus passieren kann ist, dass du genau die Situation so vor zehn Jahren erlebt hast durch dein reflektieren Mangel genau in deinem Hirn jetzt noch einmal eins zu eins erleben wirst. Frage dich bitte einmal ganz ehrlich, möchtest du das wirklich? Manchmal ist es ja auch gar nicht so einfach, sich gleich direkt bewusst zu sein und wir lassen uns von diesen Emotionen ne ganze Zeit lang mitreißen, aber das entscheidende ist immer wieder sich in den Fokus in die Klarheit zu rufen. Nimm dir Auszeiten für dich selbst, verbringe Zeit mit dir selbst und du wirst immer mehr und immer tiefer in das Hineinkommen wie du wirklich bist, du wirst deine Schöpferkraft wieder erkennen, wenn du es möchtest. Andernfalls kann natürlich auch dieses Beispiel sich bis zum extremen Widerspiegeln und dann ist die Frage warum lebst du diese Emotion noch so stark aus, was ist in dir noch so verletzt und schreit so sehr nach Heilung, dass du die Situation immer wieder hoch holen musst und sie auf einen völlig anderen Menschen niedermünzt und genau das in dein Leben rufst, was du gar nicht haben möchtest. Zum einen könnte man jetzt sagen das Universum kennt kann nicht das wäre eine Erklärung, die andere ist aber viel tief greifender, warum ist dieses Gefühl in dir noch so aktiv, dann nimm dir die Zeit, geh in die Stelle, hol dir Hilfe von Menschen, die dich verstehen oder Menschen, mit denen du darüber sprechen kannst, du vielleicht auch einfach mal einen neutralen Blickwinkel auf die Situation haben, und ihr damit Erleichterung bringen können.

Und nun nehmen wir an dieser Stelle bitte einmal Option Nummer zwei. Option Nummer zwei sagt dir oh ha alles klar, ich habe verstanden, da war mal was, das war mal so zugleich aber jetzt ist es anders. Und dann nimm dir bewusst einen Raum für dich, tue dir etwas, was dir gut tut, behandelst du dich erst mal wie die Liebe deines Lebens wieder und du wirst sehen, Liebe wird Einzug in dein Leben erhalten. Vielleicht machst du es ja auch einmal gewohnt in deiner vorherigen Beziehung, dass dein Partner, die ständig sehen wollte und es dir damals zu viel war. Und du dir insgeheim immer gewünscht hast, dass du jemanden irgendwann treffen wirst, bei dem du deine Freiräume hast und triffst du diese Person und vergleicht alles mit dem wie es früher war, weil du dieses Lied gehört hast, was diese Emotion wieder hochkommen und du fehlst völlig den Mangel, weil du immer das Gefühl hast, dass die Person, mit der du jetzt zusammen bist, der du vielleicht nicht wertvoll genug sein magst, weil sie dich gar nicht so häufig sehen kann oder unvermeidlich möchte. Aber hast du dir mal die Frage gestellt, warum du genau diese Person jetzt in deinem Leben hast an deiner Seite, warum am Anfang alles genauso stimmig war und du es geliebt hast deine Freiräume zu leben und dass sich alles passend angefühlt hat, auch wenn ihr euch vielleicht nur einmal die Woche seht, noch einmal alles Kopf steht? Das ist ziemlich einfach, weil du dir eine Person in deinem Leben manifestiert hast, die eben anders als deine vorige Person in deinem Leben an deiner Seite war, jetzt sein soll und nun hast du diese Situation und du hast eine Erinnerung an die Situation wie sie früher war – Achtung Verwirrungsgefahr – und auf einmal mag das alles nicht mehr genug für dich sein oder nicht gut oder unpassend. Nun möchte ich dir einen guten Rat geben, bevor du alles über den Haufen wirfst und diese Emotion wieder so stark war, nie passiert wir sind ersten Beispiel eben schon besprochen hatten, erlaube es dir dich erst mal wieder selbst als die Liebe deines Lebens zu behandeln tue etwas, das dir gut tut, nimm dir eine Auszeit vom Alltag und konzentriere dich wieder auf die Leichtigkeit und dein Fokus bei dir selbst, denn eines ist immer gesetzt, du hast immer diese Menschen in deinem Umfeld, die dich sehen wie du dich auch gerade siehst oder die dir das auch spiegeln mögen wie du gerade drauf bist und so viel sei ihr gesagt, das was du im außen suchst, wirst du immer nur bei dir selbst finden. Wünschst du dir zum Beispiel bei deinem Partner, dass er dir mehr Zeit schenkt oder mehr Aufmerksamkeit, dann schenk du dir jetzt erst mal mehr Zeit, mehr Anerkennung und all das, was du bei anderen Menschen vielleicht gerade suchst, weil wir suchen immer genau das in anderen Menschen, was sie uns gerade nicht bereit sind selbst zu geben und das ist der Schlüssel zu so vielen und öffnet uns so viel Möglichkeiten. Wir kommen noch mal zum Beispiel eins zurück, die Situation scheint unvermeidlich, Auswechslung für dich, du triffst schon Gedanken, die verschiedensten Entscheidungen bis hin zur Trennung. Du merkst diese Gefühle, die du gerade aussendest, tut dir nicht gut und die Entscheidung treffen könntest du dir wahrscheinlich genauso wenig gut tun und du siehst sie schon wieder wie in damaligen Zuständen leiden, nun stelle die Frage möchte ich das wirklich und welche Entscheidung kann ich stattdessen in Leichtigkeit und Freude leben. Ja ist es an manchen Stellen auch einfach mal ganz banal und total easy sein dürfen einfach etwas loszulassen Option Nummer eins haben wir gesehen wie Mangel Geschichten uns auffressen können Option Nummer zwei sieht das Problem, sieht das vermeintliche Muster, erkennt es aber als kein Wiederholungsmuster, weil die Ausgangssituation eine komplett andere ist, und normt sich erst mal wieder auf sich selbst ein. So und jetzt sind wir mal ehrlich miteinander, unterm Strich was ist der Unterschied Option Nummer eins wird wahrscheinlich wieder tot traurig sein und genau das ins Leben rufen was manifestiert wurde und Option Nummer zwei legt den Fokus wieder auf sich, stellt sich selbst wieder an erster Stelle und wird damit wieder zu dem Menschen, der er wirklich ist. Und nein, auch noch mal an dieser Stelle, damit ist kein Egoismus gemeint, damit es einfach wieder einen Teil der Selbstliebeselbstwahrnehmung und selbst Anerkennung darunter zu verstehen. Denn genau diese Teile in unserem Leben geben uns so viel Auskunft über unseren eigenen Wert, den wir uns zuschreiben, wenn wir als Beispiel also unseren Partner als egoistisch achten, weil er vermeintlich uns nicht sehen möchte, stell dir lieber die Frage wie viel Zeit und Anerkennung teile ich mir selbst zu und wo würde ich eher meinen Partner in den Vordergrund rücken und bei mir vielleicht mal etwas wegschauen zu können? Manchmal ist es ja auch einfacher wegzuschauen was bei dem hinzuschauen und total einfach mal was loszulassen. Und ich sage aus dem Grund genau total einfach loszulassen, weil wir uns manchmal das auch einfach viel zu schwer machen, was doch so einfach sein darf.

Einfach kann es sein, einfach wird es aber nur sein, wenn wir uns das auch selbst zutrauen, was man nicht tun also mit zutrauen Selbstvertrauen. Selbstvertrauen in dich und in dein Leben, dass alles immer zu dir kommen wird, was zu dir gehört und alles gut werden wird, wenn du dich selbst auslebst, du selbst glaubst. Der Glaube an dich selbst, ja was irgendwie kirchlich gemeint, sondern ist so gemeint, dass du an dich selbst glaubst, dass du konsequent in deinen Entscheidungen bist, die dir zu deinem Besten sehen, dass du auch mal Entscheidungen triffst, die vielleicht allein erfordern, dass es dir gut geht. Ich weiß noch eines Tages habe ich mal diesen Spruch auf einem Spiegel in der Fußgängerzone gelesen, da stand drauf „der Spiegel zeigt dir den besten Freund" oder so ähnlich ist dieser Spruch aber auf jeden Fall, ist es wahr, du schaust in den Spiegel und so wie du den Spiegel schaust, so reagiert das Leben auf dich zurück. Und nun muss ich dir ehrlich gestehen euch selbst habe eine ganze Weile dafür gebraucht, das so anzuerkennen oder das überhaupt nochmals realisieren zu können, aber wenn wir dieses Spiel, ich sage mal spiegeln, das Leben verstanden haben, dann darf es auch einfach gehen und wenn du dich gerade in diesem Moment vielleicht noch nicht so ultra ultra leicht fühlst, dann lach in den Spiegel oder wird die zurück lachen, natürlich kommt immer nur Emotionen zu uns, die wir auch ehrlich ernst meinen und es bringt auch nichts zu lachen, wenn es einem richtig schlecht geht, dann musst du auch mal malen, aber dennoch bringt es auch manchmal genau uns dorthin ein Gefühl so zu leben als hätten wir es schon um Distanz unsere Wirklichkeit leben lassen zu können und vielleicht willst du dir an dieser Stelle auch mal ganz ehrlich die Frage, weil ich weiß manchmal neigen wir dazu dann zu sagen ja aber ohne diese Person in meinem Leben, wenn es mir super und ich wär total sanft und leicht mit mir selbst, jetzt auf einmal fühle ich mich mega unglücklich und es liegt alles nur an dieser Person, warum muss diese Person jetzt in meinem Leben sein, ich wollte eigentlich alles gar nicht. Das ist totaler Blödsinn, dann hast du dich einfach dazu lenken lassen dein Hauptaugenmerk auf eine andere Person als dich selbst zu lenken und deine Emotion davon abhängig zu machen wie diese Person sich behandelt. Also sei doch bitte lieber sofern so ehrlich zu dir selbst an dieser Stelle und jetzt ist es in den Vordergrund, tue Dinge, die du vorher auch getan hast, sei unabhängig, warte nicht immer auf ein Ja oder einen Zuspruch oder ein Angebot eines Treffens, Zeit verbringst, Telefonate oder was auch immer, sondern lebe dein Leben in Freiheit und Freude und vor allem folge deiner Freude, denn die Kraft von Liebe, Freude und bedingungslose Ich-keit ist so wahnsinnig kraftvoll. Das magst du vielleicht gar nicht so glauben auf den ersten Moment, aber es ist so. Und warum ich darauf so, warum ich mir denn so sicher bin? Das ist total einfach, weil ich hab das alles schon erlebt und auch ich muss mich immer wieder daran erinnern, aber ich hab meine Tage, da lass ich mich von alldem lenken und leiten, weil wir immer wieder an uns selbst arbeiten dürfen und immer wieder selbst unseren Fokus in unsere Mitte drücken dürfen. Du kennst doch sicherlich den Spruch da ist ja jemand völlig verrückt. Hast du mal weiter darin geführt oder drüber nachgedacht, was dieser Satz wirklich beinhalten könnte? Verrückt ist ja ein Verrücken von etwas oder in dem Fall einer Person aus der eigenen Mitte heraus als Beispiel du verrückst einen Tisch und nun ist dieser Tisch verrückt, es ist nicht mehr wie es vorher schien, weil er hat seinen Standort gewechselt und steht vielleicht etwas wackelig an einer anderen Stelle oder auf fast in einer anderen, nun ist dieser Unterschied aber zu der vorherigen Situation gravierend anders und man könnte sagen er ist verrückt. Bei Gegenständen etwas zu verrücken ist uns total simpel, aber uns Fragen bin ich vielleicht einfach gerade verrückt und es nicht ins Negative gesehen, sondern liebevoll in der Frage wo ist meine Mitte, mit der ich mich wohl fühle, nicht in der mich andere sehen oder andere gerne hätten, in der ich mich einfach wohl fühle, da ich meine Freude fühlen, folgen kann und mich einfach so annehmen kann, wie ich wirklich bin. Und genau darum geht es im Leben, mit dem glücklich zu sein, wie man ist, wer man ist und damit sein höchstes Potenzial ausdehnen zu können und dann all dieses wundervolle und die volle reine Fülle in dein Leben anziehen zu können. Und das wiederum passiert dann aber auch wirklich nur dann, wenn wir uns regelmäßig wieder hinterfragen und auch ehrlich zu uns sind und bedingungslos auch anderen Menschen gegenüber und auch bedingungslos uns gegenüber und ja, damit meine ich auch, dass wir liebevoll mit uns selbst sprechen und uns nicht wegen irgendwelchen Emotionen runterschrauben. Kommen wir noch mal auf Beispiel eins und Beispiel zwei mit dem Song zurück, der ja zweimal die gleichen Emotionen hervorruft, nur der Umgang damit völlig unterschiedlich ist. So haben wir doch wirklich immer die Wahl für uns zu entscheiden, möchte ich glücklich sein oder möchte ich etwas festhalten und hoch holen, was mir vielleicht gar nicht mehr dient und ja genau, das meinte ich dann wiederum mit dem Loslassen. Und das ist zum Beispiel auch ein Thema, dass man sich selbst wunderbar im Alltag überprüfen kann, behältst du Dinge, die dir nicht mehr die Liebe, nicht mehr nutzt, sie dir ja vielleicht sogar einfach nur den Weg versperren oder bist du eher bereit und in der Lage diese Dinge auch mal im wahrsten des Wortes loszulassen, entsorgen oder verkaufen zu können, weil sie dir eben nicht mehr dienen. Und wenn wir mal ein Stückchen weit mehr bei uns im Alltag darauf achten, wo unsere Präferenzen und Vorlieben oder Abneigungen leben, dann gibt es uns schon richtig viel Ausblick darauf, wie wir uns im Innerlichen fühlen. Als Beispiel du siehst deinen Kontostand und denkst dir oh Mann ich weiß, ich hab kaum noch etwas was ihn aufbessern kann, wenn du draußen sieh einfach nicht zu, dann wird dein Konto wie ein Glas Wasser immer halb leer sein und was ist der Sinn zufolge es wird immer halb leer sein oder du stehst hier deine Energie zu und die Magie, mit der du all die Möglichkeiten hast diese Dinge zu erreichen und ja du wirst sehen, dein Konto ist halb voll und dein Leben wird auch halb voll sein im positiven Sinne, weil du in die Fülle kommst, in diesem Fülle Bereich, in dem dir auch pure Fülle zu stehen wird und damit meine ich nicht nur den finanziellen Bereich, auch den Bereich in der zwischenmenschlichen Beziehung, du wirst doch immer wieder Wunder und Dinge erleben und auf Menschen treffen, die genau jetzt in dein Leben passen und gehören und ja auch, wenn du noch mal einen Umweg gegangen bist, ist das schlimm? Ist es wirklich schlimm? Ist es nicht auch einfach, vielleicht völlig menschlich, dass wir uns ständig neu ausleben entdecken und was weiß ich noch alles dürfen? Aber desto mehr du dir selbst vertrauen wirst, desto mehr kannst du den Prozess des Lebens vertrauen und desto mehr wirst du sehen wie all diese vielen Dinge in dein Leben treten werden, finanziell, in der Liebe, in Freundschaften, gesundheitlich, auf allen Ebenen einfach. Und genau das ist es doch wieder, was unser Leben ausmacht und was uns auch die Hoffnung gibt, vielleicht auch in Momenten, in denen uns auf den ersten Blick als trostlos zu scheinen mag, vielleicht hilft es dir auch einfach einen kleinen Punkt als Anker zu setzen, der dir Freude schenkt und dich danach immer weiter in diesen Freude-Punkten lang zu hangeln bis du einfach eine bedingungslose Freude, Liebe und Selbstzufriedenheit bist. Du und vielleicht ist dir ja auch mal aufgefallen, dass dir dann immer wieder Menschen in deinem Leben begegnen, die anecken, die dir Sprüche drücken, mit den du vielleicht nicht so ganz happy bist, dann frag dich warum trägt es sich überhaupt gerade, warum ist gerade ein Thema bei dir und warum ist es ein Thema, wenn sich irgendwelche Menschen mal nicht bei dir melden oder du dich nicht bei ihnen oder was weiß ich denn noch alles. Was suchst du in dir und was fehlt dir, wo bist du vielleicht im Mangel, was kannst du für dich drehen, um dich selbst so ausleben zu können, wie du es verdient hast und ja, jeder Mensch hat es verdient sein höchstes Potenzial zu leben, und es gibt nur eine Möglichkeit glücklich und zufrieden zu sein und zwar für sich selbst einzugestehen und aufmerksam und ehrlich und treu mit sich selbst umzugehen. Also bitte tue dir an dieser Stelle selbst einen Gefallen und richte deinen Fokus, dein Leben niemals nach einem anderen Lebewesen oder einer Sache aus, sondern geh immer nach dir, sorge du dafür, dass es dir gut geht, dann wird es automatisch den Menschen im Umfeld auch gut gehen, weil du einfach schon diese Freude, diese pure reine Lebenskraft und Freude für das es gar keine andere Wahl mehr geben wird als all das anziehen, was du dir aus ganzem reinen wahrhaftigen Herzen wünschen magst.

Unsere größte Stärke ist es unsere Schwäche anzunehmen, auch mal zu weinen und auch mal schlecht zu fühlen und daraus unser höchstes, bestes Potenzial schöpfen zu können. Wichtig ist aber immer nur verliere niemals den Glauben an dich selbst, für deine Macht ist die Macht, die du über dein Leben und über dich hast. Es gibt Momente im Leben, in denen steht alles Kopf, und du fragst dich warum bekomme ich dieses und dieses nicht im Leben oder von einer Person. Du bist aufgelöst, du wirst am liebsten alles beenden, weglaufen, dein Leben neuanfangen. Und manchmal kommen diese kleinen Schlüsselmomente im Leben, manchmal deswegen, weil wir dafür bereit sein müssen und uns dessen öffnen was uns alles möglich sein kann, wenn wir einmal durch diesen Schmerz durchgehen. Ich möchte dir wieder an dieser Stelle gerne ein kleines Beispiel geben: gefühlt durchlebst du eine von vielen Situationen, die du im Leben schon erlebt hast, und du zweifelst an, ob dein Gegenüber dich genauso wichtig und wertvoll anschätzt wie du ihn. Dir laufen die Tränen runter im Badezimmer und du setzt dich auf deinen Badezimmerteppich und bist völlig aufgelöst, in dem Moment, in dem dir ein Gefühl durch den ganzen Körper schießt, ja nun doch viel mehr als ein Gedanke sind, das ist dieses Gefühl, was dahinter steht, springst du auf, dein Blick knallt auf den Boden Richtung Toilettenschüssel, dein Blick kleidet nach oben Richtung Decke und plötzlich wird dir bewusst dieses Gefühl hast du einmal in deiner Kindheit durchlebt und dein inneres Kind schreit Papa lieb mich doch einfach und sei für mich da und dieses Gefühl hat nichts mit dem Gefühl in deiner Erwachsenen-Beziehung mit einem Erwachsenen-Leben zu tun, sondern dies ist ein Gefühl, das ich dir zeigen wollte und dir damit den Schlüssel zu deinen aktuellen Gefühlen geben möchte. Auch an dieser Stelle hast du wieder zwei Möglichkeiten damit umzugehen. Möglichkeit Nummer eins: weiterhin deinen Schmerz hast niemals geliebt warm soll es heute tun und sie genau das damit an oder Möglichkeit Nummer zwei du liebst all die Gefühle in voller Fülle und Liebe aus, weil du bereit bist zu vergeben und vergeben muss nicht immer gleich vergessen sein, sondern vergeben bedeutet Frieden mit einer Situation wie sie einmal in einer abgeschlossenen Vergangenheit stattgefunden hat, also nicht wieder abrufbar und nicht wieder änderbar deinen Frieden. Und ja es ist völlig in Ordnung, wenn in diesem Moment noch mal reichlich Tränen fließen und du gefühlt die Situation schon so oft durchgelebt hast, dass sie für dich abgehakt war, aber genau an dieser Stelle ist es manchmal extrem wichtig dieses Gefühl noch mal anzuschauen, hinzuschauen und loszulassen. Und das genau meine ich damit, du brauchst beide Hände frei, um leben zu können und wenn in einer Hand irgendwelche Päckchen ständig fest und sie hochhebst und schaust ob sie auf dein aktuelles Leben passen wie eine Passform auf irgendeine Sache, dann wirst du immer nur damit suchen, was du nicht suchen finden kannst. Viel wertvoller für dich in diesem Augenblick ist doch nutze eine schlaflose Nacht um Neues zu schaffen, nimm dieses Gefühl dankbar an und sage es dir nun wert aus ganzem Herzen geliebt zu werden, so wie du dich selbst liebst und du wirst sehen, die Menschen um dich herum werden dir diese Wertschöpfung geben, werden dir all das geben, was du dir selbst gibst, wenn du es dir aus ganzem Herzen gibst und dich dabei nicht infrage stellst, denn das Leben um uns herum und erinnere dich bitte an den oberen Abschnitt, ist immer das Spiegelbild unserer selbst und warum sollen wir uns immer nur verurteilen oder zu hart rannehmen, warum sollen wir unsere Bedürfnisse nicht mitteilen dürfen, das ist wichtig und ganz und Gegenteil entgegen dieser Tatsache oder diesem Gedankenspiel, dass viele Menschen Angst haben in Beziehungen oder Freundschaften, Familienbeziehung oder partnerschaftlichen Beziehungen ihre Gefühle klar zu äußern in der Angst oder den Mangel dadurch Menschen verlieren zu können, I am sorry Leute, das ist absoluter Bullshit, weil genau dadurch sehen wir doch das an, was sie nicht haben wollen und stell dir bitte mal vor wie von dem Vergleich dazu die Situation ausgehen kann und welche Möglichkeiten und Optionen sich da bieten können, wenn du auf einmal bereit bist zu ändern und wenn du auf einmal bereit bist dieses Gefühl liebevoll gehen zu lassen und etwas ganz Neues und kraftvoll es daraus zu schaffen und gib auch manchmal im Universum dem Leben, dem Schicksal etwas Zeit, um Glasscherben oder Porzellanscherben wieder mit Gold zu etwas neuem formen zu können.

Und ja, ihr könnt mir an dieser Stelle glauben Geduld ist sicherlich auch nicht das, was mich zu einer Königin krönen würde, aber wir sind zu vielem bereit, zu viel mehr als unser Gehirn uns vielleicht manchmal sagen möchte, wenn wir aufhören genau dieses ständig zu missbrauchen. Wir denken uns tot, wir denken von morgens bis abends was denkt ihr was denkt die, hab ich dies hab ich das. Ich habe überhaupt gar keine Zeit mehr, überhaupt gar keinen Freiraum mehr unsere Gefühle zu leben, anzunehmen, hinzuschauen und sie auch wieder loszulassen oder transformieren zu können, wenn wir ständig damit beschäftigt sind zu denken. Manchmal ist es doch viel schöner einfach mal nicht zu denken und einfach mal den Moment zu leben und warum an dieser Stelle manchmal? Es gibt Momente, in denen wir unser Hirn sicherlich auch brauchen, aber die meisten Momente in unserem Leben daraus bestehen frei unserem Gefühl zu folgen, um damit es bist du schaffen zu können und auch mal Vertrauen zu haben und auch Bedürfnisse klar auszusprechen und sich nicht irgendwas zu krämen, zu verstecken oder sich klein zu halten, sondern sich selbst zuzugestehen, dass man selbst das größte Geschenk in seinem eigenen Leben ist. Nun stell dir an dieser Stelle einmal vor du siehst dich selbst als das größte Geschenk in deinem Leben und das meine ich nicht egoistisch oder das meine ich aus purem Herzen, aus purer Freude, Liebe und aller positiven Emotionen kann die

Welt in der anders als zu sehen, dass du ein Geschenk bist und dass du es wert bist geliebt zu sein? Ich geb dir die Antwort gerne, die Antwort lautet nein, denn genau das willst du denn für die Welt sein, ein Geschenk, dass es wert ist geliebt zu sein, dass es wert ist sicher, behütet und voller guter Emotionen durch das Leben gehen zu können. Und ja es ist verdammt wichtig auch mal Zelte abzubrechen wenn man merkt, dass einem das nicht gut tut, aber setz dich doch mal auf deine Treppe oder auf deinen Dachstuhl und beobachte einfach mal meditativ dein Leben, wo stehst du gerade, wo möchtest du hin, wovon hast du schon immer geträumt, das ist deine Sehnsucht tief in dir und braucht es wirklich eine andere Person, um diese Sehnsucht zu befriedigen, zu stillen oder gar zu fühlen oder ist es vielmehr etwas in dir, was du anderen Personen suchen möchtest, aber niemals finden wirst solange du es nicht selbst in dir gefunden hast? Ja aber dann geht es doch im Endeffekt vielmehr um die Reise mit dir selbst, zu dir selbst, in dir selbst den Goldschatz zu finden und glaube mir, auch diesen Goldschatz trägst du in dir, auch diesen Diamanten kann dir dein Leben offenbaren, wenn du bereit bist ihn zu polieren, ihn zu schleifen, auch durch diese Täler zu gehen, die vielleicht etwas ungemütlich sind, in den du vor lauter Nebel vielleicht gar nicht ersehen magst, wo du überhaupt hintrittst und auch mal über Steine fällst, aber die Hauptsache ist doch bei alldem wieder aufzustehen, sich den Schmutz abzuwischen und zu sagen es ist mein Leben, ich trage die volle Verantwortung dafür und ich stehe für mich und mein Leben in allem ein was dazugehört. Und ja, ich bin mir dessen bewusst wer ich bin, wie ich bin, was meine Stärken und meine Schwächen sind, und ist sie eigentlich in diesem Zug bewusst, dass deine größte Schwäche deine größte Stärke sein kann? Klingt etwas komisch oder aber eins kann ich dir aus eigener Erfahrung heraus sagen, kein Weg ist unmöglich und kein Wandel bleibt dir verborgen, wenn du es wirklich aus ganzem reinen, ehrlichen und wahren Herzen gewünscht und so manifestierst, dass es in Fleisch und Blut übergeht, dennoch bitte ich dich darum, bleib ehrlich mit dir selbst, wünsche dir wirklich nur Dinge, die du auch in deinem Leben haben möchtest. Ein Beispiel wie uns Wünsche auch wieder an Herausforderungen bringen können, möchte ich dir nun wieder bringen, weil ich der persönlichen Meinung bin, dass diese Beispiele aus meinem Leben, aus meiner Erfahrung dir vielleicht auch ein kleines Stück Erleichterung in deinem Leben, in deinen Erfahrungen und deinen Seinzuständen bringen kann. Nun stell dir bitte einmal vor wir gehen noch mal auf das Thema Beziehung an dieser Stelle ein, du hast früher als kindlicher Verletztheit, weil dein Vater sich zu wenig um dich gekümmert hat, deiner Meinung nach immer auf Männer fokussiert, die dir auf gut Deutsch gesagt einfach nur den Arsch hinterhertragen und dich so mit Liebe und Geschenken überschütten, dass du das Gefühl hast ohne diese Männer oder diesen Mann in deinem Leben nicht leben zu können, du begibt dich also in eine toxische Abhängigkeit aus einem Mangel heraus und siehst im ersten Moment nur die rosaroten Wolken und genau in diesen Zeiträumen gab es immer wieder Missverständnisse, weil du doch auch deinen Raum wolltest, aber dieser Mann dir gar keinen Raum mehr geben konnte, weil du ihn so sehr schon in diese Rolle interpretiert hast, unbewusst oder vielleicht sogar bewusst?

Dass er alles für dich tut, dein Lebensmittelpunkt ist und für nichts anderes mehr Augen hat. Jetzt stell dir bitte mal an der Stelle vor du manifestiert hier aus ganzem reinen Herzen einen Mann an deiner Seite, der dich so nimmt wie du bist, der Verständnis hat, aber dennoch sein eigenes Leben lebt, den du nicht jeden Tag siehst, du ja genauso seinen Verpflichtungen und alldem nachgeht, aber dem du vielleicht auch mal selbst mir entgegenkommen musst und auch selbst auf gut Deutsch gesagt aus dem Quark kommen musst, um ihm in die Richtung zu lenken, sprich die Position ändern sich, du verlässt den passiven Part und beginnst den aktiven Part zu leben, warum genau das du dir in dein Leben manifestiert hast und jetzt stehst du auf einmal fest und dann aber sowieso früher war irgendwie viel angenehmer und jetzt fehlt mir dies und erzählt mir das und die Aufmerksamkeit und es wird klar, dass der Mann mich jeden Tag sehen will und dies und das und bla bla bla, aber wenn wir noch mal ganz ehrlich sind, an dieser Stelle geht es doch darum, dass du zu dir selbst stehst und sagst ja ich bin bereit diese Herausforderung anzunehmen, weil ich oft genug in meinem Leben erlebt habe wie ich es nicht mehr haben möchte und daraus klar manifestiert habe, wie ich es gerne haben möchte und ich stehe zu meiner Verantwortung der Manifestationskraft, gebe mich dessen hin und bin bereit auch einen Umweg zu laufen um glücklich und erfüllt mit diesen Menschen leben zu können und zwar ohne dabei in eine toxische Abhängigkeit zu geraten oder mir den Raum so nehmen zu lassen, dass ich gefühlt keine Luft mehr habe zu atmen, dass da jemand ist, der dich vielleicht genauso wenig mit einem ehrlichen ich liebe dich zuschütten kann bist du vielleicht früher genauso wenig konntest, sondern dir vielleicht jetzt in dein Leben genau aus diesem Grund tritt, dass du dein eigenes Muster durchbrechen kannst, also kannst du jetzt auch an dieser Stelle mir die Frage stellen möchte ich diesen Weg weitergehen oder ziehe ich mich hier in meinen alten Weg zurück, setze mich in alte Fallen hinein, lass es mir schlecht gehen und verzichte dabei auf etwas, was mir gut tun kann, wer hat denn gesagt, dass es wieder genauso sein muss und wer sagt das etwas schlechtes hinten dran steht, wenn wir mal nicht jemand gleich alle Türen auf sperrt, dich in sein Leben so ein Schloss, das wirst du schon immer mit dabei gewesen, weil du ja schließlich vorher immer versucht hast diesen zu verletzen. Erst in der Kindheit durch einen Mann in einem erwachsen sein zu ersetzen, der sich jetzt so leben soll. Meinst du nicht, das ist ziemlich schwachsinnig und dennoch versucht unser Unterbewusstsein immer wieder so zu lenken, aber ich kann dir an dieser Stelle den Rat geben, manchmal und sie auch kämpfen und genau dafür einzustehen für das, was man wirklich will, aufrichtig, liebevoll und nicht gleich aufzugeben und zu verzweifeln oder etwas zu suchen, was in dieser Kombination niemals vorhanden sein wird, der Ausgangswunsch. Die Ausgangsmanifestationskraft schon von Anfang an eine komplett andere war, dann kommt an dieser Stelle natürlich aber auch sehr oft gerne unser Ego zum Vorschein, presst uns in irgendwelche Tränenphasen, die uns so verzweifeln lassen und wir am liebsten sofort genauso schnell wieder alles wegwerfen würden, wann könnt ihr verletzt werden und so weiter und sofort, du wirst sicherlich verstehen was ich damit sagen möchte. Solltest du nicht verstehen was ich damit meine, möchte ich das gerne einmal erklären, aus Angst verletzt zu werden von einer anderen Person, sie selbst sozial zu verletzen, wenn man diese Person gehen lassen, sie aus dem Leben verbannt, findest du etwa das hat etwas mit Selbstliebe zu tun? Und warum vergleichen wir überhaupt immer wieder so gerne Menschen in unserem Jetzt mit Menschen denen wir früher Mal begegnet waren. Da stellt sich mir doch ganz klar eine Frage suchen wir etwas, was wir hier nicht finden können, oder waren wir bisher noch nicht bereit etwas loszulassen oder aber suchen wir genau das in uns selbst? Wenn ich mir also aus heutiger Sicht genau jetzt gerade die Frage stellen wollen würde, muss ich immer an ich liebe dich hören und muss jemand wirklich jeden Tag da sein und muss der Partner immer auf mich zukommen und warum kann ich nicht mal der aktive Part sein, dann lass mich doch mal ganz ehrlich beantworten, in dem Moment, in dem ich für mich und mein Leben einstehe mit meiner vollen Willensstärke, mit meiner vollen Klarheit und alldem, was dazugehört, dann bin ich bereit auch mal meine Rolle zu tauschen und etwas zu tun, zu dem ich vorher niemals bereit war. Warum? Na die Antwort solltest du relativ schnell selbst geben können, das ist doch ganz einfach, weil dadurch ein Prozess der Transformation unseren dem Anhalteweg halten kann. Wenn du dich jetzt an dieser Stelle fragst warum ich so viele Praxisbeispiele aus dem Leben, aus meinem Leben, zu Papier bringe bevor überhaupt das eigentliche Buch anfängt, dann kann ich dir sagen, es gibt keinen Grund mehr ist danach dir das mitzuteilen, weil ich mir irgendwo doch sehr sicher bin, dass einige Stücke daraus auch dir helfen können und werden insofern es dich auf irgendeine

Art und Weise berührt ist jedes einzelne Wort hier das schon wert.

Und mir wiederum persönlich ist es sehr wichtig offen darüber zu sprechen und nicht irgendwelche Glasscherben unter einen Teppich zu kehren und sich dann im Nachgang wieder zu fragen warum man sich immer wieder hinzufügt, das hat auch was mit Selbstverletzung, Selbstsabotage und mangelndem Selbstrespekt zu tun. Einfach andere Menschen zu respektieren, also selbst und im Gegenzug dazu fragen willst warum die anderen Menschen uns nicht respektieren können, da stimmt doch etwas nicht oder? Oder vielleicht genau soll es auch so sein und warum vielleicht, weil alles unsere Wahrnehmung ist, manchmal vielleicht und eigentlich sind doch irgendwo alles Worte, die man im Alltag nicht hören möchte und tsrotzdem gebrauche, ich sehe so oft ich nenne dir die Antwort sehr gerne, weil alles, was ich hier an dieser Stelle niederschreibe und was du gerade liest, meine persönliche subjektive Wahrnehmung ist, das, was im Endeffekt für dich persönlich zutrifft, dir weiterhilft und ich niert das dass du alleine entscheiden, das ist nicht meine Entscheidung, denn du bist der Autor deines Lebens und du kannst für dich entscheiden, ob du entweder einsam und allein sein möchtest, unglücklich, tot traurig im absoluten Mangel oder bereit bist das in dir anzuerkennen was nach einem Abenteuer oder Ausleben oder was auch immer schreit ja und es ist manchmal schwierig und Wege können steinig sein, es kann weh tun das kannst Schmerzen wir können immer wieder mal waren wir können auch mal Scheißtage haben, aber unterm Strich zählt aufzustehen, weiter zu machen, nicht aufzugeben und genau das zu finden, was unser ist, der uns antreibt, der uns zeigt steh morgens auf gib nicht auf. Und ich sage dir ganz ehrlich an dieser Stelle, das was mich motiviert, jede einzelne Zeile hier einzugeben, ist der Grund, dass ich, egal wir sind schon immer wieder so viele Menschen erlebe und sehe, die nicht ihren Traum leben, die ihre Sehnsucht so tief in sich begraben haben, dass sie sich selbst nicht sehen, aber doch irgendwo so weit hoch holen können, dass vielleicht manch anderer Mensch sie sieht und so viele Menschen haben mich angesprochen, wie man in seinem Traum leben kann und wie ich das auch umsetzen konnte und genau dazu möchte ich diesen Text dieses Buch hier nutzen, um dich zu motivieren, dann in die Hand zu nehmen, den Schmerz du dich kämpfen und der Sehnsucht in die Augen zu schauen und dann Hand in Hand mit ihr gemeinsam Richtung Freiheit zu laufen, sehr bildlich gesprochen, aber findest du nicht dieses Bild passt an dieser Stelle sehr gut, ich finde das schon und das Finden hat nicht unbedingt damit zu tun, dass man etwas suchen muss, sondern finden kann man auch einfach, wenn man die Augen für das Thema offen hat und sich den kleinen Details im Leben widmen kann. Kleine Details müssen Sie über die riesigen Dinge sein, aber hör auf irgendwas alles gegeben anzuerkennen oder nicht mehr genug wird, zu schätzen sei dankbar morgens aufzustehen und den Himmel sehen zu können, viele Menschen würden es gerne, sei dankbar das Vogelzwitschern zu hören, sei dankbar deine Füße auf dem Boden spüren zu können, viele Menschen würden das sehr gerne und haben nicht die Chance, so viele Dinge sind für uns selbstverständlich, ein Dach über dem Kopf, essen und so viel Luxusprobleme beschäftigen uns immer wieder, aber stell dir auch immer wieder die Frage wie viele Menschen all dieses Glück nicht haben und vielleicht noch glücklicher sind, weil sie ihr Glück in sich selbst gefunden haben und es braucht nicht viel um glücklich zu sein, es braucht keine Luxusjacht, es braucht keinen Porsche in der Garage oder sonstige Dinge, Gesundheit kann man sich nicht kaufen, hast du immer so schön da ist schon was wahres dran, aber im Gegenzug kann man so fragen woher die Krankheit ist doch oftmals und ich hoffe du verstehst mich jetzt nicht falsch, und für all die, die vielleicht weniger Intention in die Spiritualität im Leben legen, kann ich dir nur sagen nach jedem Kampf folgen die Wunden, nach jeder Wunde bleiben die Narben und Zustand haben fressen irgendwann fressen sich auf so wie ein Krebs oder etwas anderes. Dann stell dir doch die Frage wie kann ich bestmöglich mit mir selbst umgehen, wie kann ich mich selbst jeden Morgen als mein besten Freund ist die Liebe meines Lebens und es kann Inhalt der golden Nuggets ihn mir verborgen gegen begrüßen sei freundlich zu dir selbst, sehr liebevoll zu dir selbst, auch an Tagen, an denen es regnen mag, an denen du vielleicht keinen Grund dafür hast. Aber genau diese Tage sind die Tage, die großes Wachstum bieten, in denen wir uns selbst mit uns selbst beschäftigen, selbst reflektieren und anerkennen für das, was wir schon im Leben erreicht haben und auf der anderen Seite aber auch genauso uns zugestehen, dass noch so viel unendliche Möglichkeiten vor uns liegen. Am Ende vom Tag oder viel mehr gesagt im Inneren von unserem Leben nicht die Optionen bzw. Möglichkeiten, die wir zur Verfügung gehabt hätten, sondern rein die Entscheidungsoptionen wahrzunehmen, anzunehmen und Wege zu gehen. Stell dir vor du wirst dein ganzes Leben lang mit Optionen überschüttet, Möglichkeiten mit wundervollen wegen unseres am Ende vom Leben wo ich hatte Möglichkeiten, findest du das nicht etwas seltsam? Ist es denn an dieser Stelle nicht viel, viel besser diese Möglichkeiten gelebt zu haben?

Manchmal mag uns das Leben Angst machen, weil wir das Gefühl haben ein- und dieselbe Situation immer und immer wieder erlebt zu haben. Als Beispiel lernst jemanden kennen, siehst irgendwie etwas Gutes in ihm und übersiehst dabei, was eigentlich nicht gut ist, weil dein Wunsch nach etwas gutem so groß ist oder auch du lernst jemanden kennen in einer Phase, in der dein Gefühl schon sagt es ist besser bleib alleine, lässt dich dennoch darauf ein und wirst am Ende enttäuscht. Nur die Frage ist warum fühlst du dich enttäuscht, eine Enttäuschung ist es in deiner Täuschung Enttäuschung, da du dich hingegeben hast, weil du etwas geglaubt hast zu sehen, was vielleicht nur eine Illusion war und die Illusion raubt uns dann im Endeffekt das, was uns den positiven Anschub gegeben hat an diese Person zu glauben. Nun stellt sich doch die Frage was ist besser? Das Ende dieser Täuschung dankbar entgegenzunehmen und voller eigener Kraft und Tatendrang im Leben wieder entgegenzustehen und loszulassen oder in Selbstmitleid zu zerfließen, zu klammern und zu versuchen etwas zu erzwingen, was gar nicht mehr vorhanden ist, manchmal sind es auch genug Zeichen, die uns zeigen, was wir einer anderen Person bedeuten. Wenn du beispielsweise äußerst, dass du gerade jemanden brauchst, der dich einfach in den Arm nimmt und dein Gegenüber oder Partner für dich meilenweit weg ist und ignoriert und ich nicht mehr sagen kann, auf welcher Rangliste du in seinem Leben stehst.

Dann gibt es doch nicht viel weiteres zu klären, denn dann ist alles gesagt, was gesagt werden sollte und ja das in deiner Täuschung das weh tun, du darfst auch mal einen Tag im Bett haben, du darfst nur ein, zwei Tage heulen, Wut rauslassen, Enttäuschung rauslassen, all das gehört dazu wissen Emotionen, die losgelassen werden wollen, aber sei dir ganz sicher, eines Tages kommt der richtige und wenn du zehn meine Stolperfalle gemacht hast. Bist immer früher merken wie du für dich selbst auf Kurs bleiben kannst und für dich das höchste daraus schöpfen. Und das ist doch das, was im Endeffekt zählt, dass wir für uns selbst unsere Wünsche und Sehnsüchte einstehen und selbst die Freude und Liebe im Leben schenken, Liebe von anderen warten, denn wie soll unser Gegenüber uns etwas geben, was wir selbst nicht bereit sind selbst zu geben. Denk mal drüber nach, ich weiß, das ist einiges dran und vieles kann auch mal weh tun, auch das in Ordnung, aber lass dich nicht hängen, gib nicht auf, sondern ergreife Möglichkeiten, bleib in deinem Gefühl und hör vor allem auf dein Herz, auf deinen Bauch und achte auf den Verstand, wenn er dich vor etwas warnen möchte, dann auch das ist wichtig und zum Leben dazu und manchmal bekommen wir so viele Lernaufgaben gestellt, dass wir cool damit umgehen können und ich weiß an diesem Punkt, in diesem Kapitel, ist der Weg erreicht, in dem ich sagen kann in meinem Land der Freiheit erlaube ich es mir zweifelsfrei und bedingungslos meinen Weg geliebt zu gehen und alles hinter mir zu lassen, was mir nicht mehr dient. Selbstzweifel, die Angst nicht genug zu sein, nicht geliebt zu werden, all das ist Bullshit, denn am Ende vom Tag bist du der Meister, der Drehbuch-Autor, der Hauptdarsteller deines eigenen Lebens und wie du darin aussehen möchtest und was du anziehen möchtest, entscheidest du.

Welches Drehbuch du schreiben möchtest, bleibt dabei vollkommen allein dir überlassen, oftmals sind die Tage, an denen wir uns vernebelt und hilflos fühlen, diejenigen, an denen wir die meiste Energie und die Kraft für etwas Neues und großes schöpfen kann und vieles muss nicht immer so schwarz aussehen wie es im Außen vielleicht sein mag, sondern vielmehr geht es auch manchmal darum altes loszulassen um Platz zu haben für Neues. Und genau diesen Platz für Neues haben wir dann nur in unserem Leben, wenn wir wirklich von ganzem Herzen bereit sind loszulassen. Loszulassen muss nicht immer bedeuten, dass diese Person dann keine Rolle mehr in deinem Leben spielt, sondern vielleicht eine andere. Wie es dein Verstand gerne hätte. Der Verstand dirigiert uns sehr häufig in Richtung, die er für uns sicher und ratsam hält, doch dabei sollten wir uns innerlich immer wieder die Frage stellen wenn ich morgens in den Spiegel schaue. Wie möchte ich mich selbst sehen, wie möchte ich die Welt um mich herum sehen? Wie möchte ich mir meine Welt gestalten und kreieren. Und glaube mir, da ist so viel mehr möglich und so viel Unendlichkeit in uns selbst, wenn wir uns das zugestehen. Wenn du dir zum Beispiel von einer Person mehr Aufmerksamkeit wünschst oder eine Person gerne fest in deinem Leben hättest, aber diese Wege anders laufen, als du es dir vom Verstand her gewünscht hättest, dann frag dein Gefühl dahinter und du wirst sehen, alles liegt in dir und an dir und manches, was auf den ersten Blick schmerzhaft erscheinen mag, kann dir im Nachgang ein wahres Wunder bieten, weil du daran wachsen kannst, weil du stets an Herausforderungen in deinem Leben wachsen kannst, wenn du bereit bist, sie anzunehmen und in Liebe in deinem Leben zu platzieren. Ich möchte dir ein Beispiel an dieser Stelle aus meinem Leben geben. Früher war es bei mir immer so, wenn eine Art Beziehung mit Männern gescheitert ist, dann war für mich der Schlussstrich gefasst und diese Person aus meinem Leben verbannt, wieder der Fall gewesen und im ersten Blick glaubst du einem Menschen etwas zu sehen, was vielleicht aber gar nicht so stimmt. Es sieht dein Verstand es gerne hättest in die Person in dein Leben gekommen ist, um dich auf eine andere Art und Weise zu begleiten und nicht vielleicht unbedingt diese beziehungsweise wie wir sie in klassischer Tradition kennen, sondern vielleicht etwas, was dann mehr Richtung Freundschaft. Viele sagen nein das geht nicht, die Frage, die wir uns im Leben viel häufiger stellen sollten, ist, warum begegnen wir Menschen? Möchten Sie uns etwas lehren oder möchten Sie uns begleiten und möchten wir das annehmen oder möchten wir uns abschotten, sind wir ehrlich zu uns selbst, oder aber langen wir einer Illusion hinterher, die womöglich gar nicht existent ist und glaube mir an dieser Stelle, Illusion suchen, am Leben zu halten, obwohl dein Gefühl schon ganz klar ist, dein Gefühl schon sagt, auch wenn mein Verstand mir am Anfang vorgaukeln wollte, dass dies der Mensch ist, mit dem ich alt werden möchte, aber dein Gefühl dir sagt nein, ich komme in eine Stelle, in der meine Wünsche und meine Träume so stark mit der Realität in die Schranken kommen, ja schon fast in den Kampf kommen, dann entscheide bitte immer den

Kampf für dich. Menschen kommen, Menschen gehen, der eine Mensch soll dein ganzes Leben lang an deiner Seite laufen, der andere Mensch ist vielleicht nur ein Wegbegleiter für einen gewissen Zeitraum, nur desto mehr wir versuchen krampfhaft im Leben etwas zu erreichen, desto mehr kommen wir davon ab unseren eigenen Traum zu realisieren, umzusetzen und auszuleben und das Leben bietet manchmal so viel mehr oder auch generell so viel mehr, wenn wir bereits unseren Kopf auf 180° zuneigen und die Dinge von der anderen Sichtweise, von einer anderen Seite zu sehen und nicht immer nur von der Sichtweise von der es unser Verstand gerne hätte. Ich erlebe so viele Menschen, die daran zu Grunde gehen, die selbst damit nieder richten Illusion nachzulaufen oder sich selbst nicht zu trauen, die größten Träume, die größten Wünsche umsetzen zu können, ja und auch ich hier in diesem Moment beim Buchschreiben habe meine Zweifel. Hie und da könnte ich mir immer wieder die Frage stellen, interessiert es überhaupt jemanden, aber ganz ehrlich, die Realität zeigt mir jeden Tag wieder aufs Neue wie viele Menschen in mein Leben treten, die genau diese Punkte nicht umsetzen können, weil sie sich selbst zu klein halten, die ich hier zum Anstoß bringen möchte, dass das mein innerer Motor ist, ihnen diese Zeilen zu geben und sie in die Welt tragen zu wollen, weil ich das tiefe Wissen und das tiefe Vertrauen darin hege, dass es Menschen erreichen darf und wird.

Wer sagt uns, wie wir zu sein haben? Das kreieren wir im Endeffekt selbst oder lassen uns durch Fremdbestimmung durch unser eigenes Leben führen. Nun habe auch ich mir immer wieder die Frage gestellt, die ich nun dir stellen möchte: willst du Hauptdarsteller in deinem Leben sein oder das annehmen, worin du unweigerlich gedrückt werden wirst, wenn du das nicht tust? Also wenn du nicht deine eigenen Regeln hast, sondern lediglich dem folgst, was du hingeworfen bekommst? Im Endeffekt steht eins fest: nichts ist unmöglich, wenn wir es erträumen und in unserem Traum und unsere neue Realität gestalten können. Die Frage danach ist oftmals: erlauben wir uns das oder knicken wir aus Angst ein, weil wir uns auf Glaubenssätze oder Erfahrungen unserer eigener oder der von anderen aus der Vergangenheit berufen. Das Erlebte macht uns sicherlich zu einem gewissen Teil aus wer und wie wir heute sind, aber dennoch: wie willst du sein, wer willst du sein und wie kannst du es schaffen dir dein Leben so zu kreieren, dass am Ende vom Tag die Person, die dir im Spiegel entgegenschaut, wirklich du bist? Dazu dürfen wir uns ganz klar erst mal von allen begrenzten Denkweisen lösen, die uns einengen oder uns immer wieder krass gesagt nur die Angst gegenüber stellen. Das ist ein Prozess wie alles im Leben. Manifestieren ist kein Wunschkonstrukt sondern das Erschaffen unserer eigenen Realität. Willst du weiterhin klein sein, denken, es ausstrahlen und im schlimmsten Fall von dem, was im außen auf dich kommt, mega depressed sein? Deine Wahl, aber das alles möglich ist, was wir uns erträumen können, wird sich im folgenden anhand der Geschichte von Ina darstellen. Erfolg beginnt damit den ersten Schritt zu wagen und eine meiner prägendsten Erfahrungen im Leben und was mich heute jeden Tag aufs Neue vorantreibt persönlich heißt es den ersten Schritt zu wagen, schon oftmals dieses Gefühl zu haben, dass dieses Erlebnis, was ich mir von ganzem Herzen wünsche, schon greifbar zu sein scheint. in diesem Moment durchlebe ich das Gefühl als wäre es schon vorhanden. Als Beispiel du wünschst dir so sehr einen Urlaub beispielsweise an einer Küstenregion, du spürst schon alles vor dir und du siehst die Bilder, du hast dieses Gefühl vor allem wegen der ist und dass du mich immer der erste Schritt in meiner Realität.

Es gibt Momente, Phasen oder ganze Abschnitte in unserem Leben, die uns den Anschein geben mögen, dass die Welt Kopf stünde. Bei dem einen mag es etwas größeres und bei dem anderen etwas kleineres sein, was den Anlass dazu gibt. Wir fühlen uns nicht genau auf dem Lebensstand, auf dem wir gerne wären oder gar ganz verloren. Mancher Traum in uns mag uns bewusst sein, manch anderer so tief verborgen in uns, dass wir nur annähernd ahnen können, dass uns zu unserem wahren Glück etwas fehlt, aber dennoch der Weg dorthin und auch der eigentliche Traum dahinter im Verborgenen liegt. Den einen mag es im Alltag manchmal mürrisch stimmen, den anderen sich nie richtig bei sich angekommen fühlen lassen und andere wiederum kann es sogar in tiefe Löcher reißen. Wir – jeder einzelne – sind voller Möglichkeiten – unendlich vielen Möglichkeiten – die wir nutzen können, um unsere Träume und Sehnsüchte umzusetzen. Die einzige Begrenzung, die wir selbst erleben, ist jene, die wir uns entweder selbst geben, oder aber uns von anderen geben lassen. In uns schlummern Potentiale, Fähigkeiten und die Möglichkeit, das Unmögliche möglich machen zu können. Um unsere Träume nicht verblassen zu lassen und uns eines Tages die Frage zu stellen: „Was wäre wenn ...", gibt es nur eine Option. Die der Annahme unseres Traumes und die Umsetzung. Und ja, manchmal kostet es verdammt viel die alten Ängste loszulassen, um wieder beide Hände für das eigene Steuerruder frei zu haben. Aber sind wir mal ehrlich: wollen wir uns am Ende unseres Lebens wirklich wenn ich dir jetzt die Fragen stelle: „Was ist dein Traum? Kennst du ihn? Lebst du ihn schon?" Wie lautet deine Antwort? Stell die Frage einmal offen und ehrlich zu dir selbst. „Lebst du deinen Traum oder lebst du ein Leben, in das du dich selbst eingestanzt hast?" Wenn dir nicht direkt Antworten kommen, ist das völlig okay. Alles kommt zu seiner Zeit im Leben, also habe Vertrauen und sei neugierig, auf all die Wunder, die geschehen können. Unter einer Bedingung: erlaube es dir selbst deine eigenen Träume zu leben. Nicht den von anderen, sondern deinen. Diese Wahrheit was richtig und was falsch sein mag, kennst nur du, denn es ist dein Leben. Dein Leben, deine Träume, deine Visionen und deine Unendlichkeit.

Nun möchte ich dich gerne mitnehmen. An einen Ort, an dem eine junge Frau namens Ina lebt. Wir werden im Laufe dieses Buches einiges über ihren Weg, ihre Herausforderungen im Leben und über ihre Geschichte kennenlernen. Wenn es dich in irgendeinem Punkt berührt und dir dadurch ein kleines Stück auf den Weg zu deinem Traum bringt, freue ich mich von ganzem Herzen! Denn es liegt alles in uns, hinzuschauen und uns unseren Weg zu erlauben. Alles ist möglich! Und um das scheinbar Unmögliche möglich zu machen braucht es eines: den Glauben und das Vertrauen in uns selbst und dadurch auch in unser Leben. Wie unser Leben aussieht und wie wir es gestalten liegt an einer einzigen Person: an dir selbst. Jedoch möchte ich an dieser Stelle einer Sache vorweg greifen: solltest du darauf bauen, dass eine

Person in dein Leben tritt, und für deine Ziele und Wünsche kämpfst, dann ist das der Holzweg. Denn: das ist deine – einzig und allein deine – Aufgabe. Du bist für dein Glück verantwortlich. Das mag im ersten Moment hart klingen, aber jedes Glück oder jedes Gefühl von Glück, das nur durch Umstände oder andere Menschen zum Ausdruck kommen kann – ist nicht echt. Im besten Fall können Begegnungen, gemeinsame Wege unser Glück verstärken, aber bitte baue dein Glück, deinen sicheren Ort, deine Zufriedenheit, dein Leben stets auf dir auf – denn dann kommt alles passend in dein Leben und dadurch zu dir. Also lass uns gemeinsam die Reise in Inas Geschichte starten und fühle dich herzlich eingeladen, das draus mitzunehmen, das dich anspricht. Und bitte bedenke immer: alles was du in anderen suchst, kannst du dir nur selbst geben und alles, was du an anderen bemängelst, sagt meist mehr über dich selbst aus. Alles, das, was sein kann, wird geschehen, wenn du anfängst zu leben, zu lieben und vor allem in den tiefen Prozess des Vertrauens zu gehen. Mit dir selbst und dadurch mit allem anderen auch. Vertraue dir selbst bedingungslos und aus ganzem Herzen, denn das ist der Schlüssel zu deinem erfüllten Leben. Sollte dir nun die Frage aufkommen, wie das gehen soll:

Wieder einer dieser Tage

Es ist ein Traum, der fast und greifbar erscheint und doch so real wirkt. Bunte Farben schwirren um Lichtstränge, die sich aneinanderketten und auf einmal tönte diese Stimme, die immer wieder aufruft:

„Was ist dein Traum?" Ina wacht schweißgebadet auf. Eine unruhige Nacht liegt hinter ihr. Das letzte, was ihr in Erinnerung bleibt, ist die Frage, die ihr noch scheinbar vor einem Augenblick eine unbekannte Stimme stellte. In diesem Traum, bevor all die Farben und diese Symbole vor ihr schienen und die Stimme die Frage gestellt, was denn ihr Traum sein mag, sah sie sich in einer leeren Lagerhalle. Auf einem Sofa sitzend und um sie herum verwischen sich alle Farben zu einem Tunnel und diese Stimme klang und sie hat noch das Gefühl, direkt auf diesem Sofa zu sitzen. Sie spürt noch das knackige Leder unter ihrem Hintern. Sie spürt noch ihre Hände an der Armlehne des Sofas, und sie erinnert sich noch an dieses Gedüngtlicht bevor all die Farben kamen, scheint ihr fast zum Greifen nah und doch so wieder so weg zu sein, dieses Gefühl, dieser Ort, diese Stimme. Sie wischt sich die Augen. Streckt sich. Ihr tun alle Knochen und Muskeln weh. Sie fühlt sich wie nach einem Marathon, nur dass sie keinen gelaufen ist. Wieder und wieder durchquert diese Frage ihre Gedanken. Gedanken, die sich wie ein Karussell weiter und weiter drehen. Das Rauschen im Kopf, so als würden 1000 Stimmen auf sie einsprechen. Dabei wird ihr immer bewusster, dass sie alleine zu Hause ist und keiner mit ihr spricht und diese Stimme, die sie ihr vertraut und unbekannte Stimme hallt noch immer in ihren Ohren. Sie streckt sich noch einmal. Fühlt sich noch immer neben sich stehend, ausgelaugt und kaputt. Was für eine Nacht. „Was soll das denn bitte alles? Jeden Tag dasselbe. Ich stehe auf, mache mir meinen Kaffee, gehe ins Bad, auf die Arbeit und durchlaufe irgendwie meinen Tag. Warum ist mir nicht mal mein Schlaf gegönnt?", fragt sich Ina immer und immer wieder. Ina scheint ihr Leben wie ein Karussell, wie eine Rundfahrt, an der sie an jeder gleichen Stelle einsteigt und an der gleichen Stelle aussteigt oder steigt sie baut man einen aus oder fährt sie vielleicht einfach nur noch mit, ohne zu wissen, in welche Richtung sie fährt und ohne wart noch mal auszusteigen und Karte zu ziehen, weil es einfach so selbstverständlich ist, dass sie immer wieder diese Bahn diese Kreise durch ihr Leben zieht, ohne Plan und ohne Ziel. Wie eine Marionette gesteuert steht Ina auf, kraftlos, müde, die Knochen, die Muskeln, alles schmerzt, sie läuft sich die Augen noch mehr reibend ins Badezimmer, schaut in den Spiegel, läuft wieder in die Küche, drückt sich einen Kaffee, dabei fällt ihr die Kaffeetasse runter, sie schaut auf den Boden, wischt die Scherben weg, schneidet sich daran. Cem bring Glück, denkt sie sich oder mehr nicht, ich weiß es auch nicht, sie geht ins Badezimmer, duscht. Sie hat das Gefühl die Zeit steht still, ständig der Blick auf die Uhr, innerliche Anspannung, sie muss doch los und trotzdem kommt sie sich vor wie eine Marionette, die schneller laufen kann, da immer wieder irgendwelche Dinge passieren, die sie alle im Alltag aufhalten, so, als würde sie man steuern und dabei immer wieder auf den Zeit-Knopf drücken, an, aus, an, aus. Und sie weiß gar nicht ob sie schneller oder langsamer unterwegs ist, aber was ihr immer bewusster wird, ist, dass sie sich so fremd gesteuert fühlt und ja sie geht ins Badezimmer, zieht sich an für Trödelstunden vor dem Kleiderschrank, weil sie gefühlt Stunden vor dem Kleiderschrank steht, weil sie überhaupt gar nicht weiß was sie anziehen soll. Dies gefällt ihr nicht, das gefällt ihr nicht, der Kleiderschrank überquillt eigentlich schon, aber weißt du überhaupt was sie wirklich anziehen möchte? Na ja, eigentlich total einfach, aber selbst diese Entscheidung ist eine Entscheidung, die sie gerade nicht treffen möchte, weil sie sich so ohnmächtig fühlt, so fremdgesteuert und überhaupt nicht weiß, welche Entscheidungen, ob sie Entscheidung überhaupt treffen möchte, oder ob sie am liebsten ihre vorgeschriebenen Zahlen annehmen sollte, dass sie sich fremd gesteuert fühlt und gar nicht weiß, was sie eigentlich wirklich möchte, aber es bringt ja alles nichts, also macht sie sich fertig für die Arbeit und startet ihren Weg ins Büro. Und noch bevor Ina ihren Weg Richtung Auto starten kann, prüft sie 10.000 mal, ob die Kaffeemaschine aus ist, der Stecker das für uns im Badezimmer gezogen ist, ob die Haustüre auch wirklich abgeschlossen ist, oder ob sie irgendwas vergessen hat, was ein schlimmeres Welttrauma hervorrufen könnte oder irgendwelche Gefahrenquellen in sich verbiegen könnte, die womöglich die Welt in Schutt und Asche legen. Endlich unten am Auto angekommen steigt sie ins Auto rein, schaut um sich herum, sind die Straßen leer, sind die Straßen voll, kann ich rausfahren, noch ein Auto mitnehmen, die Gedanken überhäufen sich schon wieder, aber irgendwann kommt der Punkt und sie muss den Motor starten, wieder wie eine Marionette fremdgesteuert und sie weiß gar nicht, in welche Richtung sie eigentlich fahren möchte, weil sie muss zur Arbeit um Geld zu verdienen, aber selbst bei diesen Gedanken Magen wieder zusammen wofür? Wofür jeden Tag das gleiche, denkt sie sich, steh auf, ich fahr zur Arbeit, alles fremd gesteuert, ich prüfe alles 10.000 mal und trotzdem schwirren die Gedanken im Kreise nun hier wieder an den Traum denken, in dem sie in dieser Lagerhalle saß, ihre Arme, ihre Hände auf dem niedrigen Sofa, dieses Farbenspiel, diese Routine, dieses Gefühl der Ohnmacht und doch zugleich der Farm, die sie in diesen Traum allen und immer wieder die Frage was ist ihr Traum? Egal wie sehr sie sich auf diesen Traum, auf diese Frage konzentrieren möchte. Ihr fällt keine Antwort ein, eine Antwort kommt ihr nicht. Traumlos sie für die Farben nicht, sie fühlt nicht, was alles für sie möglich sein könnte und was vielleicht ihr wahrer Traum sein könnte, dann fragt sie sich was ist ein Traum? Soll ihr der Traum sagen was ich heute Nacht geträumt hab oder mal in diesem Traum, dass ich irgendwas tolles erträumen sollte, was vielleicht gar nicht da ist, allein diese Frage ruf an so weint sie hervor. Die Straßen erscheinen ihr wie vernebelt. „Hallo? Es ist Sommer, wie kann es hier nebelig sein, wenn doch schon die Sonne raus kommt?" Sie reibt sich wundersam ihre Augen. Sind es ihre Kontaktlinsen, die ihr hier die Sicht vernebeln oder was bitte ist das? Sie fährt und fährt und sieht dabei nur noch wie in einem Tunnel ihre Gedanken kreisen. Gefühlt kalt Inas Gedanken von morgens bis abends, sei es hab ich irgendwas vergessen oder hab ich ihm irgendwie auf die Füße getreten oder warum meldet er sich nicht? Warum meldet die sich nicht? Was hab ich denn schlimmes getan? Warum ist die Welt gegen mich, warum komme ich nicht von meinem Fleck, warum muss ich mir alles so hart erarbeiten und bin trotzdem nur ein gesteuerter Mensch, der irgendeinen Weg zurücklegt ihr das vielleicht gar nicht gehen sollte, gehen könnte, gehen wollte, es fühlt sich alles so schwer an, ihre Füße fühlen sich schwer. Ihre Augen füllen sich schwer, ihre Muskeln brennen, jeder Schritt schmerzt, jede Handbewegung ans Lenkrad, an den Schaltknauf, sind wie eine Zeit in Bewegung und ihr kommt immer wieder dieses Bild wie eine Marionette fremdgesteuert durch ihr Leben zu gehen … Der Nebelschwaden wird dichter und dichter. Dabei fällt ihr scheinbar wenig auf, wie um sie herum alles blüht, strahlt und lebendig in den Tag startet. Sei es die Rehe am Waldesrand oder die Vögel, die auf den Bäumen zwitschern. Ina stellt den Motor ihres Autos ab. „Huch? Schon auf der Arbeit? Wie kann das nur sein?", fragt sie sich. Wieder still und heimlich, denn jede Frage, die sie sich stellt, ist still und heimlich, wem sollte sie offen diese Frage stellen, scheinbar läuft bei allen Menschen um sich herum alles leicht und locker und jeder Mensch ist sich dessen bewusst was er will, was er nicht will, dass er Wünsche hat, was er für Träume hat, was er für Visionen hat und hat alles bunte vor sich, nur sie hängt in diesem dunklen Schmodder aus Angst und Hoffnungslosigkeit fest oder es kann Angst und Hoffnungslosigkeit, vielleicht hält sich das ganze auch nur ein und es ist wirklich nur alles ein Traum, sie irgendwann aufwacht, ihr Magen dreht sich, ihr wird schwindlig, sie fängt an zu zittern. Als sie aussteigt bemerkt sie, dass nicht nur ihre Knochen und Muskeln schmerzen, sondern auch ihr Herz wieder zu rasen beginnt. Die nächsten Fragen durchstreifen ihre Gedanken: „Habe ich die Kaffeemaschine ausgemacht? Habe ich die Türe abgeschlossen? Oh Mist, was, wenn ich das nicht getan habe? Oh Mann, was mache ich nur? Warum hatte ich keine Acht darauf?" Immer wieder das gleiche Gedankenkarussell, was ich mir von aufgehalten hatte, pünktlich und leicht auf die Arbeit zu starten, fällt es schwer, die Dinge im Moment wahrzunehmen, weil sie entweder damit beschäftigt ist es sich auszumalen, welche Dinge in Zukunft passieren könnten oder welche Dinge sie in der Vergangenheit vergessen haben könnte und damit irgendwelches Unheil angerichtet haben. Dabei bemerkt sie nicht, dass eine Kollegin an ihr vorbei läuft und sie grüßt, während Ina noch immer vor ihrem Auto steht und gefühlt zum zehntausendsten Mal prüft, ob ihr Auto abgeschlossen ist. Sie sucht in ihrer Handtasche. Wo ist nur ihr Handy? Erreichbarkeit ist ihr unendlich wichtig, denn es könnte der Fall der Fälle eintreten, dass etwas passiert und da muss sie erreichbar sein. Das ist ganz wichtig für sie. So wichtig, dass ihre Motivation schon wieder zu schwinden beginnt und ihr immer und immer wieder die Frage aufkommt: „wie überstehe ich nur meinen Tag?" Sie reibt sich wieder um ihre Augen herum. Immer noch dieser Nebel ... wie kann das denn nur sein. Alles durchflutet in dem Nebel, den nur sie zu sehen scheint.

Sie driftet dabei völlig in ihren Gedanken ab. Wie ferngesteuert läuft sie in das Bürogebäude und macht ihren PC an. Ihre Kollegen nimmt sie kaum wahr. „Welchen Unterschied es wohl machen mag, ob sie da ist oder nicht?" Diese Frage stellt sie sich gefühlt jeden Tag. Sie legt ihr Handy auf den Tisch. Checkt schon wieder ob, sie was verpasst haben könnte oder wer versucht haben könnte, sie zu erreichen. Sie muss einfach immer erreichbar sein, erreichbar sein, um doch immer wieder festzustellen, dass die Menschen, von denen sie Nachrichten erhofft, antworten. Er hofft ihr nicht schreiben werden aber sie in der Frage nicht warum das der Fall sein könnte, weil insgeheim verbietet sie sich jeden Kontakt zu anderen Menschen, sie weiß, ihr Handy wird nicht klingeln und dennoch ist sie immer erpicht darauf ab jetzt erreichbar zu sein, um nichts zu verpassen. In dem Wissen, dass es nichts zu verpassen gibt. Was ihr dabei mal wieder nicht ins Auge fällt, ist, wie wundervoll alles um sie herum ist. Im Prinzip keinen Grund zu meckern, zu murren, oder auf irgendeine Art und Weise angespannt zu sein. Ihre Kehle zieht sich zu. Das Festnetztelefon klingelt. Sie schaut es an. Wartet. Einer ihrer Kollegen nimmt für sie ab. „Das war Herr Schubert", ruft Felix, ihr Kollege, ihr zu. „Er möchte dich gerne sprechen, um einen Beratungstermin zu vereinbaren. Kannst du ihn bitte direkt zurückrufen?" Er lächelt Ina zu. Ina nimmt das nicht wahr. Was sie mitbekommt, ist nur, dass einer der Kunden was will. Und der liebe Hinweis von Felix, der mit einem Lächeln versehen war, kommt bei ihr wie ein Vorwurf rüber. Sie fühlt sich gleich persönlich angegriffen und versteht dabei gar nicht, dass der Hinweis ihres Kollegen mit einem Lächeln versehen eine Aufforderung war, ihre Arbeit nachzugehen. Nein, ganz im Gegenteil, sie sieht schon wieder nur was schlimmes in dieser Situation sein könnte ein Karussell, das immer schneller dreht, immer schneller, immer schneller dreht, bis fast zur Ohnmacht. Sie fühlt sich aber noch gar nicht bereit. Sie fühlt sich müde und übernächtigt. „Ich hole mir fix nur einen Kaffee und dann rufe ich ihn zurück!", antwortet Ina Felix. Er nickt ab. „Der denkt doch eh ich arbeite nichts", rauscht es ihr durch den Kopf, während sie aufsteht und zur Kaffeemaschine um die Ecke geht. „Guten Morgen Ina. Na alles fein bei dir?" Christina, eine weitere Kollegin von Ina, läuft gerade durch den Gang und sieht Ina an der Kaffeemaschine stehen. „Ja, danke. Mir geht es super, hoffe dir auch!", antwortet Ina automatisch. Genau genommen eine Lüge. Also der erste Teil. Ina geht es gar nicht gut. Aber sie weiß auch nicht mal, wie sie diese Art der Gefühle in Worte packen könnte. Sie fühlt sich leer, ausgebrannt und erschöpft. Als sei sie eine Marionette, die durch den Tag strampelt. An Fäden aufgehängt und nicht wirklich in der Lage ihren Weg eigens zu laufen. Nein, das gelingt ihr nicht recht. Eher lässt sie sich durch die Umstände, die ihr begegnen, durch den Tag schieben. Wie ein Klotz, der sich selbst ausbremst und Schleifspuren hinterlässt. Träge und nicht in der Lage sich selbst in eine Richtung zu bewegen.

Die Kaffeemaschine piept, der Kaffee ist fertig. Sie nimmt die Tasse und läuft zum Schreibtisch zurück. Dabei fällt ihr doch irgendwie auf, dass sie die Antwort von Christina auf ihre Frage schon gar nicht mehr wahrgenommen hatte. So viel zum Thema Achtsamkeit. „Rückruf Herr Schubert", steht auf einem Post-it, den ihr Felix an den Platz gelegt hat. Ok, zusammenreißen und durch. Andere Alternativen gibt es in dem Moment keine. Sie fühlt sich klein und verunsichert. Sie nimmt den Hörer ab und will gerade die Nummer von Herrn Schubert wählen, die auf dem Zettel steht, als ihr Handy klingelt. Die Nummer ihrer Nachbarin und zugleich auch Freundin erscheint auf dem Display. „Oh mein Gott, was ist passiert? Die ruft nur an, wenn was passiert ist. Oh Mist."

Inas Gedanken kreisen wild umher, die Kehle schnürt sich noch weiter zu. Der Puls rast, sie zittert. Schnell legt sie den Festnetzhörer wieder auf und geht an ihr Handy. „Hallo?", beginnt Ina das Telefonat. Ihre Stimme wackelt und zittert. So wie ihr ganzer Körper. „Ja hallo Ina. Antonia hier. Du sag mal, warum hast du denn die Haustüre offen gelassen?" Eine ganz normal gestellte Frage. Antonia hatte sie Ina aus dem Grund gestellt, da gerade Bauarbeiten vor dem Haus stattfanden, in dem neben Antonia und Ina auch andere Menschen wohnten. Sie hatten alle gemeinsam besprochen aus dem Grund auf das tägliche Hauslüften (was sich über die Zeit so eingependelt hatte), über den Tag zu verzichten und das nur morgens oder abends zu machen, wenn keine Bauarbeiten am Laufen sind, die einigen Staub und Dreck verursachten. Aus der von Antonia normal gestellten Frage brach für Ina allerdings auf einmal ein Gefühls- und Interpretationschaos aus. „Oh nein, warum habe ich nicht daran gedacht? Ich bin so doof! Oh Mann, entschuldige Antonia, das kommt nicht wieder vor! Versprochen! Sorry! Oh nein, oh nein. Was machen wir jetzt? Ich putze später das ganze Haus im Flur. Von oben nach unten, alles!" Inas Stimme wurde immer wackeliger und sie hatte erste Tränen in den Augen stehen. „Ina! Bitte fahr mal zehn Gänge runter! Ich habe dir nur eine Frage gestellt, weil du noch die erste warst, die rief „ja, wir müssen auf die Türe entgegen aller Gewohnheiten achten". Ich versteh gerade nicht, warum aus einer Frage so ein Drama gerade entsteht. Beruhig dich mal wieder." Antonia klang sichtlich ratlos am Telefon. Sie lebten in einem kleinen Dorf, in dem es in der Tat ohne Baustelle kein Thema war bei sommerlichen Temperaturen auf die

Luftzirkulation zu achten. Und eben auch die Tür offen zu lassen. Aber aktuell war es eben anders durch die Baustelle. „Ina", fuhr Antonia fort, „bitte fühl dich doch nicht gleich so übertrieben kritisiert. Ich habe da jetzt auch keine Lust mehr drauf, weiter über deine krampfhaften Gewohnheiten zu sprechen. Ich muss weiter. Bye." Antonia konnte Ina schon länger nicht mehr verstehen. Genau genommen hatte Ina alles was man brauchte. Freiheiten, einen soliden Job, eine schöne Wohnung. Dennoch war bei Ina immer jeder Tag gleich. Bloß keine Gewohnheiten brechen. Immer nur stumpf das Gleiche tun. Wäre ja alles fein, nur Ina beschwerte sich dann auf der anderen Seite immer wie monoton ihr Leben sei. Dass sie so in ihrem Trott feststeckt. Nur Raum für Veränderungen ließ sie auch nicht. Was die anderen hatten und machten war toll. Alles, was sie hatte und machte, war langweilig, monoton und dadurch wertete sie sich immer nur wieder selbst ab. Antonia fragte sie, die beiden waren nicht nur Nachbarn, sondern auch befreundet, was sie dann haben wolle. Ina konnte die Frage nie genau beantworten. „Keine Idee, Toni. Ich weiß es nicht. Ich will aus dem Trott raus, aber keine Ahnung wie das gehen soll. Mit mir stimmt doch was nicht, oder?" Die Antwort kam immer wieder von Ina. Antonia war reiselustig, ein Lebemensch. Mal hier, mal da und stets mit einem Lachen auf den Lippen. Die beiden waren ein Alter. Doch unterschiedlicher konnten sie nicht sein. Ina verkroch sich gerne in ihrem Loch. Ging zur Arbeit und abends war für sie Schicht im Schacht. Keine Energie mehr was zu tun. Manchmal motivierte Antonia sie etwas zu unternehmen, nur von sich aus kam Ina nicht auf die Idee. Antonia lebte mit ihrem Freund zusammen ein

Stockwerk unter Ina. Ina lebte alleine. Schon immer gefühlt. Dabei war das gar nicht so. Auch sie hatte andere Zeiten hinter sich. Nur irgendwie schienen diese Zeiten schon so lange her zu sein. Bilder, die zwar noch vorhanden waren von den vergangenen Zeiten, aber doch auch immer weiter zu verblassen drohten. Die wie Wäsche, die permanent in der Sonne hängt, ihre Farbe genommen bekommt. Warum und wie kam das nochmal so? Fragen über Fragen. Fragen, die ihr immer wieder durch den Kopf gingen, doch auf die sie keine Antwort zu bekommen schien. Die immer an ihr hingen ohne jemals einen Grund oder eine Ursache hervorzubringen. Die sie drehen und wenden konnte und doch immer wieder an demselben Punkt heraus kam: sie konnte es sich selbst nicht sagen. Nicht mal, wann genau der Punkt kam, an dem sie wie fremdgesteuert durch den Alltag hetzte. Ja sie hetzte und raste, obwohl es keinen Grund dazu gab. Herzrasen war ihr Tagesbegleiter. Die Anspannung in ihr brachte sie schier noch um den Verstand. Wohingegen ironischerweise sie den ganzen Tag nur dachte. Was wäre wenn dies und das. Immer ruhelos. Rastlos. Ohne Vertrauen in sich und andere. Stets in der Erwartung etwas könne passieren oder sich ereignen, das ihre Welt noch mehr auf den Kopf stellen würde, als sie es schier ohnehin bereits schon tat. Wie ein Abgrund, der sie immer weiter nach unten zu reißen drohte. Sie klammerte sich immer wieder an Gedanken, die sie befreien könnten, dabei waren es letztendlich Menschen, an die sich klammerte. Vergebene Liebschaften, Freunde, alle um sie herum, die ihr das geben könnten, was sie sich selbst nicht mehr geben konnte. Halt. Halt im Leben. In allem. Das Gefühl gebraucht zu werden. Wer zu sein. Generell am Leben zu sein. Sie fühlte sich so tot. Um sie herum alles am Toben, in ihr alles so ruhend. Wie eingefroren. Sie konnte sich selbst keine Gefühle mehr zugestehen, fühlte sich ohnmächtig und einsam. Allein. Abgeschottet. Ausgeschlossen. Abgegrenzt von sich selbst und dem Leben. Antonia war meistens unterwegs und wenn mal zuhause, dann wurde die Zeit gemeinsam mit ihrem Freund Tim genutzt. „Ok, bye", antworte Ina als das Telefon schon das Zeichen gab, dass das eben stattgefundene Telefonat mit Antonia beendet war. Ina rannte aus dem Büro. Es war plötzlich als bliebe die Welt stehen. Als würden die Uhren nicht weiter ticken und alles umher liefe in Zeitlupe um sie herum weiter. Auf dem Hof lief sie wie ein Tiger auf und ab. Sie merkte all die verwunderten Blicke ihrer Kollegen nicht. Sie war in ihrem Tunnel. Herzrasen, zittern, Magenschmerzen. Für Ina brach fast eine Welt zusammen. „Reiß dich zusammen, Ina! Reiß dich am Riemen", sprach Ina still zu sich selbst. Sie merkte nicht einmal, dass Felix zu ihr auf den Hof gekommen war und sie versuchte anzusprechen. Er wurde immer lauter, bis Ina ihn hört: „Hey, Ina! Was ist los? Atme mal durch!" Ina sah ihn tränenüberströmt an. Felix blickte zu ihr, kam ihr entgegen. Er wurde ruhiger im Ton. „Was ist denn passiert?", fragte Felix und schaute Ina an. Ihr war es unangenehm, dass er sie so sah und doch war da auf einmal dieser Wunsch einmal in den Arm genommen zu werden. Wieder das Gefühl von anderen bekommen, das sie selbst nicht geben konnte. Halt. Halt im Leben. Halt in allem. Felix zwinkerte ihr zu. „Komm, schenk mir mal ein Lächeln Ina." Sie zwang sich ein krampfendes Lächeln ab. „Na ja, das geht bestimmt besser." Felix lachte. Er merkte ihr an, wie verkrampft sie wirkte. Sie war es auch. Sehr. Sie schaute ihn an. Wieder diese Sehnsucht. Ihre Gedanken wankten zwischen: „Meine Welt steht wieder Kopf und bitte nimm mich einfach in den Arm und sage mir, dass alles gut wird." Ihr Karussell wurde durchbrochen, denn auf einmal merkte sie die Blicke, die ihr und auch Felix Frau Hummel zuwarf. Frau Hummel, die Abteilungsleiterin, stand auf einmal auch auf dem Hof. Woher bitte kam sie denn nur und wie konnte es sein, dass sie auf einmal dastand und keiner was gemerkt hatte. Oder lag es einfach wieder an dem Tunnelblick auf alles? Fragen über Fragen. Doch weiter kam ihr Gedankenkarussell nicht, denn die Stille wurde gebrochen. „Was ist denn los?" Sie klang streng und zugleich besorgt. „Alles gut, Frau Hummel. Ina musste mal kurz an die Luft, das ist alles", antwortete Felix. „So lieb von ihm, er ist ein Lieber", dachte Ina und starte zugleich wie eine Sirene zur Rechtfertigung an Frau Hummel. „Es tut mir so leid, ich arbeite jetzt weiter. Also wir. Ich habe Felix da in was reingezogen. Ich wollte das nicht." Ina brach in Tränen aus. „Was wollten Sie nicht?" Frau Hummel fragte, weil die gesamte Situation für sie einfach keinen Sinn ergab. Felix war auch verdutzt, er verstand den Rechtfertigungsstrom in keiner Weise. Ina schüttelte den Kopf, ließ Frau Hummel und Felix auf dem Hof stehen und rannte ins Gebäude zurück. Ihre Knie zitterten. Ihre Füße drohten den Boden zu verlieren. Sie hatte gerade keinen Halt mehr. Keinen Halt durch sich selbst. Direkten Weges rannte sie auf die Toilette. „Sie wird mich kündigen. Frau Hummel schmeißt mich raus. Das war es", kreisten die verworrenen Gedanken von Ina. Ein Strom aus Tränen lief aus ihr. Die Kehle war zu. Als würde ihr wer einen Strick um die Kehle legen und Stück für Stück die Luft abschnüren. Ina war kurz vor der Ohnmacht. Oh nein, ihr Handy lag noch im Büro. Sie schaute in den Spiegel. Wischte die verschmierte Mascara mit etwas Wasser weg und setzte ihre Maske wieder auf. Die Maske, die sagte: alles gut. Auch wenn es das in keiner Weise war. Sie trug sie, denn ansonsten würde sie gefühlt komplett verblassen. Und es sollte ja auch nicht immer jeder sehen können, was mit ihr los war. Ja ganz oft war sie sogar die, die am lautesten lachte. Als erste mit dabei war. Die meisten glaubten ihr wahrscheinlich sogar die Show und nahmen sie ihr ab. Sie wollte mit aller Gewalt gegen sich selbst ihr Bild aufrecht erhalten. Viel mehr versuchte sie es. Sie musste sich einfach wieder aufrappeln. Egal, was war, die Show musste weiter gehen. Sie ging erst zu Frau Hummel und dann zu Felix und entschuldigte sich erneut. Die beiden waren ratlos. Frau Hummel dachte nicht im Geringsten daran, Ina zu kündigen oder sonstiges. Ina machte eine gute Arbeit. Nur die letzte Zeit verhielt sie sich immer seltsamer. Keine konnte dem Ganzen folgen. Viele machten sich Sorgen. Doch jedes Wort zu Ina war zu viel. Kam anders als gemeint rüber und verursachte noch mehr Chaos bei ihr. „Ina, ich meine das nicht böse. Bitte versteh es nicht falsch, aber was meinst du, vielleicht hilft es dir mit einem Experten mal zu sprechen?" Diese Worte von Antonia hallten noch immer in Inas Ohren. So viel zu dem Thema die Maske muss gut getragen werden. Nun war Antonia aber auch eine der engsten Vertrauten von Ina. Bei anderen klappte es bis auf etwas Ratlosigkeit sicherlich besser. Vor wenigen Wochen sprach sie diese Worte aus. Sie meinte es doch nur gut und war als Freundin besorgt um Ina, aber bekam es nur wieder in den falschen Hals. Dabei war Antonia die einzige Freundin von Ina. Von allen anderen Freunden, die sie mal hatte, hatte sie sich komplett distanziert. Über die Jahre einschlafen lassen. Sie wollte einfach allein sein. „Süße, du schmorst allein in deinem Brutkasten vor dich hin, das kann doch nicht gut sein", zwinkerte ihr Toni mal zu. Scherzend ausgesprochen. Ina nahm wieder alles gegen sich auf. Die Welt musste gegen sie sein. Anders konnte sie keine Antwort darauf finden. Sie lebte abgeschottet. Hatte Social Media auf Eis gelegt. Verglich sich mit anderen, was sie hatten und gedacht Ina eben nicht. Zu dick, zu hässlich, unbedeutsam, so fühlte sie sich. Alleine gelassen. Alleine gelassen von dem Rest der Welt. Sie kam nach dem Gedankengang wieder in der Realität an. Oder eher gesagt etwas ruckelte sie kurzzeitig wieder in ihren Arbeitsalltag wach. Ina entsperrte ihren Computer. Sah wieder den Zettel auf dem stand: Herr Schubert anrufen. Die Memo war immer noch zu erledigen. Sie hatte keine Lust mehr zu arbeiten. Aber was sollte sie sonst tun? Sich ins Bett legen und die Decke über den Kopf ziehen wäre doch eine Option. „Reiß dich endlich zusammen Ina!", sprach sie wieder still zu sich selbst. Und auf einmal kratzte sie allen Mut zusammen und rief Herrn Schubert an. Das Gespräch war schleppend. Zäh. Wie ihr Leben. Die Zeit ging nicht rum, der Tag zog sich und dennoch hatte Ina keine, wirklich gar keine, Lust, nachhause zu fahren. Da wartete noch die Konfrontation mit Antonia und den anderen auf sie. Was soll ich denn machen? Sie versuchte sich abzulenken. Die Arbeit konnte sie von all ihren selbst gemachten Problemen nicht mehr ablenken. Wie sollte es nur mit ihr weiter gehen? Welchen Sinn machte ihr Leben und wofür stand sie jeden Morgen auf? Fragen, die sich stets beschäftigten. Rastlos. Ruhelos. Einsam. Welche Ziele sollte sie noch verfolgen, wenn doch alles so grau erschien. Welchen Beitrag konnte sie der Welt schon geben? Welche Ziele hingen über ihr? Wenn sie mal ehrlich zu sich selbst war, war sie schlichtweg ziellos. Planlos. Lost in allem. In sich selbst gefangen. Früher hatte sie viel Sport gemacht, war engagiert und hatte Pläne. Aber auch jetzt kam sie wieder auf keinen klugen Schluss, warum das auf einmal alles weg sein sollte. Ihre Heimat so vertraut und doch so weit von allem entfernt. Die Zeit war rum, der Arbeitstag geschafft. Ina packte langsam ihre Tasche zusammen. „Los Ina, Feierabend!", versuchte Felix sie aufzumuntern. Ina nickte. Sie wollte nicht nachhause. Aber auch nicht hier sein, nur was will sie eigentlich?

Gedankenkarussell trifft Tunnelblick

Und zack kam ihr wieder der Traum in den Kopf, die Worte hallten nach. „Was ist dein Traum?" Ina hatte keinen blassen Schimmer, was ihr Traum sein sollte. Was macht sie nur hier. Warum hat sie keinen Traum. Fragen über Fragen. Sie kann es nicht sagen. Sie weiß es nicht. Sie ist ratlos. Rastlos. Verzweifelt. „Aber hey, ich bin doch nicht allen Ernstes deprimiert, oder? Oder doch? Aber nein! Nein! Nein!" Gedanken über Gedanken strudelten um sie herum. Das Gespräch mit Antonia, mit Frau Hummel und Felix. Und so weiter und so weiter. Wie ein Strudel. Und wie kam sie da raus? War sie so verzweifelt? Was stimmte nur nicht. Oder sponnen einfach alle anderen nur sie nicht? Konnte da was Wahres dran sein?

„Bringt ja alles nichts … ab ins Auto und nachhause. Mal schauen, was da wieder los ist." Sie kramte den Autoschlüssel raus und öffnete ihren Wagen. Schaute in den Spiegel. Frisch und munter sah sie nun wirklich nicht mehr aus. Sie startete den Heimweg. Wieder um sie herum das blühende Leben. Und in ihr? Was war da? Sie fuhr wie in einem Tunnel. Bekam weder von rechts noch von links was mit. Alles wie in einem Tunnel. Alles so verwaschen. Schon wieder – oder immer noch – wie in einer Nebelsuppe. Alles unbedeutsam. Wie eine Suppe. Wie etwas, das eine Illusion war. Nicht echt. Ein Spielfilm. Eine Szene. Unwirklich. Ferngesteuert. Eine Illusion. Aber was war die Illusion und was war echt? War alles ein Traum und deshalb konnte sie die Frage, was ihr Traum sei, einfach nicht beantworten? War ihre

Wahrnehmung so verwaschen oder die der anderen? Was war echt und was Fake? Plötzlich endete der Nebel abrupt. Der Film schien auf Stop zu springen. Auf einmal ein heftiger Knall. Ina schleuderte gegen das Lenkrad. Der Airbag ging auf. Überall Rauch. Was war passiert? Sie öffnete ihre Augen. Ihr tat alles weh. Das durfte ja wohl nicht wahr sein. Jetzt musste sie endgültig in einem falschen Film sein. Sie konnte erst mal nicht zuordnen wo sie war. Was los war. Was sich eben ereignet hatte. Alles so surreal. Unecht. Sie versuchte die Tür zu öffnen, nachdem sie um sich panisch herum getastet hatte. Irgendwann öffnete sie die Tür. „Oh Mist, was ist hier los? Was ist passiert? Oh nein, was habe ich übersehen?" Gedanken über Gedanken über Gedanken. Sie versuchte aufzustehen. Es ging nicht. Sie tastete nach dem Gurt, als sie merkte, dass sie noch angeschnallt war. Mühsam öffnete er sich. Sie stolperte mit einem Fuß nach draußen, dann mit dem anderen. Alles drehte sich. Die Welt war wie in Zeitlupe um sie herum. Die Sonne blitzte. Es roch seltsam um sie herum. Alles so wirr. Ihr Herz schlug ihr fast aus der Brust heraus. Zittern. Beben. Panik. Tränen schossen ihr aus den Augen. Erst dann bemerkte sie, dass wer da war. Hinter ihr hatte ein Auto angehalten. Die Nachmittagssonne knallte auf den Asphalt. Sie lief ohne groß zu schauen an der Straße lang und dann sah sie die Ursache des Knalls. Alles an und in ihr zitterte. Ihre Hände waren eiskalt, obwohl es um sie herum so warm war. Sie traute sich kaum weiter zu gehen. Alles blitzte. Der Boden schien zu glühen.

Ein Reh lag auf der Straße. Das Tier hatte es voll erwischt. „Ich bin eine Mörderin." Ina wurde schwarz vor Augen. Sie spürte nur noch einen Ruck, den Boden. Einen

Aufprall. Schmerzen. Müdigkeit. Erschöpfung. Dunkel. Schwarz. Alles schwarz. Keine Bilder. Keine Sonne. Kein nichts. Dann verließ sie die Erinnerung.

Das nächste, woran sie sich erinnern kann, ist die Geräuschkulisse um sie herum. Es war warm. Ihre Kleidung klebte an ihr. Sie lag nicht mehr auf dem Asphalt. Der Boden fühlte sich weich an. Der Untergrund. Der zuvor noch wie Blei war und jeden Schritt beschwerte. Wo war sie? „Hallo? Kannst du mich hören?" Eine unbekannte männliche Stimme ertönte irgendwo aus dem Nirgendwo. Sie öffnete die Augen. Weiß. Was war so weiß hier und wo war sie nur? Sie versuchte klar zu werden. Es wurde wieder dämmerig um sie herum. „Ey Mädel, bleib mal bei uns!" Wieder die Stimme. Wer war das? Was sollte das? Ihr Körper fühlte sich seltsam an. Sie tastete an ihrem Arm lang. Steckte da was drin. „Stopp!" Wieder die Stimme. „Lass den Zugang drin, das kann schmerzhaft werden." Sie wurde schlagartig wach. Schreckte hoch. Sie war in einem Krankenwagen. Um sie herum zwei Sanitäter. Ein Mann und eine Frau. Der Mann muss wohl mit ihr gesprochen haben. „Wo bin ich?", gluckste Ina los, „was mache ich hier?" Der Sanitäter ermahnte sie mit Gesten sich wieder hinzulegen. „Bitte mal langsam", fing er an, „du hattest einen Unfall. Darauf bist du ohnmächtig geworden und die Zeugen hinter dir haben dann unter anderem uns alarmiert." Ina kamen wieder die Bilder vor Augen geschossen. Der Knall. Das Reh. Mörder. „Ich …", stammelte Ina los, „ich bin eine Mörderin." Ihr schossen Tränen in die Augen. „Moment mal", fuhr der Sanitäter fort, „das bist du nicht. Wildunfälle passieren nun mal leider. Und ja, es ist traurig, aber du konntest sicherlich so schnell nicht mehr bremsen." Er lächelte und nickte ihr zu.

Ina weinte fürchterlich los. Alles schien sie nicht fassen zu können. Aber ihr kamen auch keine Ideen mehr, wie dieser Trip für sie mal vorübergehen sollte. Die Tür an dem Krankenwagen ging auf. Antonia kam reingestürmt. „Mann Ina, ist alles gut bei dir? Bist du verletzt?" Die besorgten Worte von Antonia klingelten in Inas Ohren wie die feinste Kritik. Dabei war es reine Besorgnis, die aus Antoninas Worten zu hören war. Wie konnte Ina das nicht sehen? Nicht verstehen? In ihren Augen schien die Welt gegen sie zu sein. Alle gegen sie allein.

„Ja alles gut ...", antworte Ina. Dabei wusste sie selbst, dass das nicht der Fall war. Wissen und umsetzen sind allerdings zwei paar Schuhe. Als wäre die Anhäufung an verschiedener Situation und letztendlich der Unfall nicht genug gewesen, ploppte genau in dem Moment wieder die Frage auf: „was ist dein Traum?", wieder keine Antwort darauf. Sie wollte es anders haben. Aber wie? Sie wollte ihr Leben nicht mehr so verschwenden. Nur wie denn dann? „Ich kann und will so nicht mehr", schoss es in Ina auf. Nur „so nicht mehr", brachte ihr auch keine konkrete Antwort auf die Frage: wie denn dann? Und welche Chancen boten sich ihr noch?

„Ina?!" Antonias erneute Ansprache riss Ina aus dem Gedankenkreisel.

Ihr schon nur noch durch den Kopf: „Ich kann nicht mehr. Ich will nicht mehr. Ich habe keine Kraft mehr. Keine Kraft gegen mich selbst zu arbeiten. Keine Kraft mehr durch das Leben zu pilgern in Ziel und Kurs. Ich kann einfach nicht mehr. Ich bin am Ende. Lebe ich noch? Ist das alles ein Traum? Warum sieht es denn keiner: ich kann nicht mehr!!! Ich will aufgeben!"

Sie schaute sich um. Sanitäter und Freundin schauten sie an. Wertungsfrei. Nur sie sah ein Dutzend Vergleiche und Bewertungen. In ihr kam Panik hoch. Alles drehte sich. Ihr wurde schwindelig. Sie schnappte nach Luft. Hyperventilierte. Konnte keinen Satz mehr sprechen. Schreckte hoch, schreckte runter. Rang nach Luft. Der Sanitäter versuchte sie zu beruhigen. Als sie sich immer weiter hineinsteigerte, stülpte er ihr eine Tüte über den Mund. Sie musste wieder runterkommen, aufhören zu hyperventilieren. Es half ihr. Sie fuhr wieder runter. Wie kurz vor der Ohnmacht. Sah alles verschwommen, war kurz davor in die einsame Leere zu fallen. Ein paar Minuten später konnte sie wieder ihre Worte herausbringen.

„Ehm ja ...", fing Ina an, „es tut mir leid, dass ich hier für Aufregung gesorgt habe. Ich denke mal soweit ist alles fein mit mir." Sie schaute zur Seite. Bloß nicht anmerken lassen, dass innerlich alles zerbrochen scheint oder viel mehr ist. Der Sanitäter schaute sie an: „Wir nehmen dich auf jeden Fall erst mal noch mit ins Krankenhaus, um sicherstellen zu können, dass sonst weiter nichts bei dir passiert ist durch den Unfall und auch den Aufprall." Antonia kam auf Ina weiter zu, legte ihre Hand behutsam auf ihre Schulter: „Ich komme mit dir mit, wenn das für dich ok ist." Ina liefen wieder die Tränen in die Augen. Genau das wollte sie ja eigentlich nicht. Wieder im Vordergrund stehen, wieder die Verletzte, die Hilflose sein. Ihr war es unangenehm. „Ok, danke. Aber nur, wenn es dir zeitlich keinen Strich durch die Rechnung macht", antwortete Ina. So ein Quark, natürlich hatte Antonia genug zu tun, aber sie wollte eben für ihre Freundin da sein. Selbstverständlich eben. Allerdings für Ina wieder ein Riesending. Sie wollte nicht im Vordergrund stehen, doch durch ihr Verhalten geschah genau das. Ina konnte von außen nicht sehen, wie der Unfallort aussah. In ihrem Kopf allerdings spielten sich die wildesten Szenarien ab. Ohne einen Blick für die Realität. Rein spekulativ.

Der Rettungswagen setzte sich in Bewegung. Ina mit drin, Antonia fuhr hinterher. Während der Fahrt fühlte sich Ina leer, einsam, schuldig. Die Fahrt fühlte sich unendlich lange an. Schien gar nicht mehr zu enden. Endlos. Aussichtslos. Ermüdend. Am Krankenhaus angekommen wurde sie auf der Rettungspritsche direkt ins Krankenhaus gefahren. Die Geräusche, als sich die Türen vom Wagen öffneten und sie in die Klinik gefahren wurde, klangen dumpf, wie durch einen Filter abgeschottet. Sie fuhren am Empfang vorbei, die Sanitäterin und der Sanitäter schoben sie. Antonia lief nebenher. Sie war besorgt um ihre Freundin, stand immer hinter ihr und versuchte ihr zu helfen. Antonia war immer da. Egal wie wirr Inas Welt auch schien. Ina sah das schon lange nicht mehr. Genau so wenig die Blumen am Wegesrand, die Sonne, die schönen Seiten des Lebens. „Schau mal Ina, unsere Lebenszeit ist begrenzt. Wir können sie unendlich leben und jeden Tag genießen und am Ende unseres Lebens sagen, dass wir jeden Tag voll ausgekostet haben. Alles erlebt haben, was wir wollten, unseren Fokus auf das Gute legen und unser Leben feiern, mit allen Lebewesen, die uns auf unseren Wegen begleiten. Oder aber wir verkriechen uns, sehen nur die Schatten anstatt des Lichtes und werden dabei zum Schatten unserer Selbst. Was du daraus machst, ist allein deine Sache und dein Leben kann doch keiner für dich leben. Weder ich noch andere. Also wie lange willst du noch so verharren? Wann gehst du endlich raus und lebst mal? Also wenn leben für dich bedeutet, jeden Tag aufzustehen, sich schlechte Gedanken zu machen und abends fix und fertig, ohne jegliche Lebensenergie auf dein Sofa zu fallen, dann ist das ok. Nein, ehrlich Ina, jeder kann leben wie er will in seinen Möglichkeiten. Nur stell dir mal die Frage: bist du so glücklich? Bedeutet das echt leben für dich? Und wenn ja: warum schaust du dann bitte nur auf das, was andere machen, sagen, sehen. Wie sie leben. Welches Leben sie führen. Was sie haben und du nicht? Ich merke, dass du genau das tust und egal, was ist, bei dir ist alles ein Riesendrama. Dann bitte frage dich doch mal, was du willst, wer du sein willst und welches Leben du leben willst. Das ist doch keine Kritik, auch wenn du es wahrscheinlich so verstehen willst. Ich versuche dir zu helfen, aber du willst dir ja nicht helfen lassen." Genau dieses Gespräch klingelte nun in Inas Ohren, während sie durch die Klinik geschoben wurde und alle Geräusche um sie herum still wurden. Der sterile Geruch. Alles so weiß. Kahl. Kalt und doch so klar. Die Wahrheit war, dass Antonia genau mit diesen Worten voll ins Schwarze getroffen hatte. Sie saßen vor nicht allzu langer Zeit gemeinsam bei Antonia auf dem Balkon, als Ina wieder die Tränen in die Augen schossen, obwohl nichts passiert war und Antonia genau diese Worte aussprach. Ina wollte nicht verharren. Sie hatte nur keine Idee was sie mit sich und ihrem Leben anfangen sollte. Dunkel war alles bei ihr. Sie blickte gerne auf das, was andere hatten, wie sie lebten und wie toll sie in ihren Augen alles meisterten. Dass auch sie all diese Möglichkeiten hatte, sah sie nicht. Und nicht nur Antonias Worte klingelten in ihren Ohren, auch die Frage aus dem Traum kam wieder hoch. Aber was bitte war denn ihr Traum? Ich habe einfach keinen, dachte sie sich still und leise. Wie lange soll das noch so gehen, schoss ihr in den Kopf. Die Tränen liefen wieder und Ina konnte einfach nicht mehr. Was sie nicht erkennen konnte: es waren nicht die anderen, die sie so fertig machten. Es war sie selbst, die sich Stück für Stück zermürbte. Sie war gefühlt am Ende.

Im Krankenhaus fühlte sie sich als wäre es ein Film, der gerade abläuft. Die Untersuchungen, die Geräusche, das Drumherum. Alles so surreal. „Frau Fischer", der Arzt schaute Ina an, „antworten Sie mir bitte auf die Frage." Ina erschrickt extrem und schaute den Arzt an. Der Film wurde abrupt wie angehalten, auf Pause gesetzt und sie als Spielfigur musste auf einmal agieren. „Ehm, könnten Sie die Frage bitte nochmal wiederholen?" Ina blickte auf das Schild, das der Arzt an seinem weißen Kittel trug. Alles schien in dem Raum so steril. Alles weiß. Der Tisch ganz blank bis auf den PC. Der Arzt „Dr. Schmitz", wie es auf seinem Namensschild stand, hatte seine Hände auf dem Tisch abgelegt und schaute Ina an, die wie eine Nebenfigur auf der gegenüberliegenden Seite des Tisches saß. Der Arzt räusperte sich kurz und fuhr dann fort. „Nach eingehenden Untersuchungen und Gesprächen mit der Assistenzärztin", er rückte seine Brille zurecht, „muss ich Sie fragen, ob Sie sich bereit sehen, ein paar Tage hier stationär zu bleiben?" Ina fiel alles aus dem Gesicht. Sie hatte Gespräche geführt? Mit anderen Ärzten? Sie wurde untersucht? Oh mein Gott, sie erinnerte sich erst an nichts, dann kamen ihr die Details wieder hoch. Sie wurde medizinisch untersucht und brach währenddessen immer wieder in Tränen aus und seufzte, dass ihr Leben doch gar keinen Sinn mehr habe. War sie allen ernstes so in ihrem Film gefangen, dass sie kaum noch was mitbekam? Die Ärztin telefonierte währenddessen mit einem Herrn Schmitz, bei dem sie nun saß. Ihr kamen die Details immer weiter hoch. Sie war schockiert. Es fielen Worte wie Depressionen, kritischer Zustand und vieles weitere. Antonia? Wo war nur Antonia? Ah stimmt, sie durfte nicht weiter mit kommen und verabschiedete sich von Ina. Wo nur waren ihre Sachen? Ihr Handy? Die Handtasche? Alles weg. Wo war sie nur? Sie schaute den Arzt wieder an. „Wie meinen Sie das?", flüsterte Ina leise. Dr. Schmitz beugte sich etwas vor. „Sie sollten ein paar Tage hier bleiben. Wir sehen Ihren derzeitigen Zustand als sehr kritisch. Und um es auf den Punkt zu bringen, es besteht Gefahr um Sie." Ina schlug die Augen weit auf. Wie meinte er das nur? Ihr kam ein Déjà-vu hoch. An dem Punkt war sie doch schon mal! Oder war das ein Traum? Ein Albtraum. „Wie bitte?", Ina lachte historisch los. „Das meinen Sie ja wohl nicht ernst!" Der Doktor versuchte sie zu beruhigen. „Frau Fischer, bitte beruhigen Sie sich. Wir haben Ihre Krankenakte eingesehen. Sie haben, nun ja, bringen wir es mal auf den Punkt, eine Gefährdung für sich selbst. Ich muss Sie darauf hinweisen, dass Sie ohne weiteres hier nicht gehen dürfen und können. Daher erst der Versuch, dass sie freiwillig bleiben." Er sah sie hoffnungsvoll an.

Während er sie so anschaute, kamen ihr alle Bilder wieder hoch. Bilder, die sie am liebsten nie mehr gesehen hätte und da waren sie. Antonias Angst um Ina kam nicht von ungefähr. Ihr Leben war die letzten Jahre turbulent gewesen und das ist wahrscheinlich noch nett ausgedrückt. Da waren sie wieder, all die Erinnerungen an Tage, die nie hätten stattfinden dürfen. Vor genau zwei Jahren hatten Ina und Antonia noch den Tag über gemeinsam im Schwimmbad verbracht. Es war ein herrlicher Tag. Antonia lachte ausgelassen und erfreute sich an dem Tag mit ihrer Freundin im Freibad. Ina versuchte mitzuhalten. Da zog sich das erste Mal ihr Leben wie eine Gewitterwolke zu. Sie sah wie authentisch und glücklich alle um sie herum erschienen und ihr wurde immer bewusster wie sehr sie selbst das nicht war. Ihr fehlte jeglicher Sinn für ihr Leben und als Antonia sich etwas früher verabschiedete, da sie noch mit ihrem Freund verabredet war, lief an dem Abend alles aus dem Ruder. Ina konnte nicht mehr ihrer Scheinwelt, in der sie krampfhaft versuchte ihr Bilderbuchleben aufrecht zu erhalten, standhalten. Sie hatte damals scheinbar alles. Einen Freund, ein solides Umfeld. Doch die Traurigkeit in ihr wurde immer größer. Keiner merkte es ihr groß an. Doch in ihr lag ihre Welt brach. Allein bei dem Gedanken, wieder in diesen selbstgestalteten Käfig zurück zu müssen, zog sich in ihr alles zusammen. So nahm der Abend seinen Lauf. Sie stieg in das Auto, alles verschwamm um sie herum und sie wollte und konnte einfach nicht mehr ihrem Leben stand halten. Mit voller Geschwindigkeit prallte sie gegen den Baum. Das nächste, woran sie sich erinnern konnte, waren die Lichter im Krankenhaus. Sie macht keinen Hehl draus, der Baum war ihr letzter Willenspunkt. Doch wie durch ein Wunder überstand sie alles ohne weitere Schäden und Verletzungen. Doch anschließend zerbrach ihre Welt erst richtig. Nicht, weil keiner hätte für sie da sein wollen, sondern weil sie jede helfende Hand wegschlug. Der Weg ihrer Bestrafung zu sich selbst. Sie verkroch sich, beendete die Beziehung, verbannte alle Menschen so gut es ging aus ihrem Leben. Warum Antonia so standhaft in ihrem Leben blieb? Keine Ahnung, das fragte sie sich selbst manchmal. Die offizielle Begründung lautete: Verkehrsunfall wegen Wildkreuzung auf der Straße. Ina kannte allerdings die bittere Wahrheit, die ihr schon unzählige Sitzungen beim Therapeuten beschert hatte. Und jetzt sprach Dr. Schmitz das an, was sie doch am liebsten vergessen wollte.

„Sie meinen doch nicht etwa, dass das Absicht war?" Sie schaute den Arzt an. „Nun Frau Fischer, ich denke nicht, ich betrachte die Situation, Ihren Zustand und bin aufgrund dessen und Ihrer Krankenakte der Meinung, dass Sie sich erneut selbst gefährden könnten." Er nahm die Brille ab und schaute sie tiefergehend an. Sie hasste dieses Gefühl. Die letzten Jahre waren ihr genug. Nach der ganzen Geschichte versuchte sie sich immer wieder abzulenken, zu vergessen. In irgendwelchen Techtel-Mechtel-Geschichten mit Männern, die sie immer nur wieder zurückwarfen oder auch durch das Betäuben mit Alkohol. Beidem hatte sie bisher nie ganz abgeschworen. Ihr blinder Fleck wohl. Vielleicht wollen wir uns manchmal einfach an Punkten in unserem Leben selbst nicht eingestehen, dass uns etwas fehlt. Etwas, was wir an anderen Stellen mit überhäufigem Konsum betäuben oder füllen möchten. Lücken, die uns Schmerzen bereiten. So sehr, dass wir uns verblasst und wie ausgelöscht fühlen. Und ja, manchmal ist es dann extrem schwer, das, genau das erkennen zu können. Oder vielleicht wissen wir es doch und wollen es nicht wahrhaben. Denn sich dem Schmerz hingeben, ihn zu öffnen, bedeutet auch durch ihn durchzugehen. Ihn nicht ständig übergehen zu wollen, sondern ihn zu durchleben, anzusehen und letztendlich anzunehmen, um heilen zu können.

„Sie bleiben erst mal hier." Dr. Schmitz setzte seine Brille wieder auf und begleitete sie zur Tür. Da war er wieder: der lange unendlich und doch so sehr begrenzend scheinende Gang. Aussichtslos. Die Tür am Ende des Ganges, die wie ein Betonklotz schien. Unglaublich. Das durfte wohl nicht wahr sein und doch spürte sie, dass es das wohl war.

Sie saß in ihrem Zimmer. Alles weiß. Die Wände. Der Boden war grau. Das Bett wie in einem Gefängnis und die Ruhe, die Leere. Wie in ihr, alles leer.

„Was soll ich nur tun?" Das war Inas letzter Gedanke und dann schlief sie völlig erschöpft auf ihrem Bett ein.

Der Traum war alles andere als das, was sie nach dem Tag erwartet hätte. Sie sah sich in den Bergen, auf einer Almhütte und überall auf den saftigen grünen Wiesen um sie herum grasten Kühe. Es war alles bunt und voller Farben in allen nur denkbaren Nuancen. Alles fühlte sich leicht an. So beschwingend und lebendig. Unglaublich wundervoll. Wieder kam die Stimme: „was ist dein Traum?" Ina schrie in die Ferne: „ich will hier leben! Ich will frei sein und ich will neues erschaffen!"

Sie erwachte aus ihrem Traum.

Wenn alles nur ein Traum wäre

Und auch in dem Bewusstsein, dass es ein Traum war. Da musste wohl doch noch etwas an Farbe in ihr sein. Nur wie sollte sie die Farben erkennen können?

„Wer bin ich nur und was ist aus mir geworden?", fragte sich Ina immer und immer wieder. Zusammen gekauert saß sie auf ihrem Bett. Grau, weiß, alles nur keine Farbe und kein Leben um sie herum. Und was, wenn es nur ein Traum ist? Nein, das hier ist kein Traum. Lärm klingelt von außen durch. Vom Flur aus ertönen dumpfe Geräusche. Geschrei. Getobe.

Ina rieb sich ihre Augen. Wie kann es denn sein, dass sie so schnell wieder all die Bilder die sie eben noch im Traum sehen konnte, gehen lassen muss. Irgendwo ertönt eine schrille Stimme. Lärm macht sich breit.

„Stehen bleiben, beruhige dich!" Die Stimme kam Ina bekannt vor. Die Tür sprang auf, sie erschrick fürchterlich. Ein Fremder stand in der Tür. Hielt den Finger vor den Mund und deutete Ina damit sich ruhig zu verhalten. Die Person war männlich, groß, wirkte angsteinflößend. Sie riss die Augen noch weiter auf, als sie sah, dass die Person ein Messer bei sich trug. Sie sprang auf und versteckte sich unter ihrem Bett, wenig später rief eine andere Stimme wieder, dass der Mann stehen bleiben und sich ruhig verhalten solle. Ihr Herz schlug so laut, dass sie nur noch den Herzschlag wahrnehmen konnte. Die Stimme kam näher, die bemerkte, dass es die von einem der Pfleger war. Der Mann mit dem Messer stand noch immer in ihrem Zimmer, hinter der Tür, mit dem Rücken zur Wand. Die Tür sprang auf und warum auch immer, der Mann ließ das Messer fallen, fing an zu weinen und ergab sich an den Pfleger. Oh mein Gott, dachte sich Ina. Das konnte doch alles gar nicht mehr wahr sein. Sie fühlte sich leer, kraftlos und wollte nur noch raus hier.

Die Tage vergingen und ab und an durfte sie kurz Antonia sehen, die dann zu Besuch kam.

Gespräche, die blechern klangen. Lebenszeit, die trostlos abgesessen wurde. Keine Aktionen, keine Handlungen von Bedeutung, ohne Ziel und Plan. In Stille. In Grautönen.

Zeit kann sich schnell anfühlen, wenn wir glücklich sind. Zeit kann aber auch dein größter Gegner werden, wenn wir uns einsam fühlen. Einsamkeit, die doch nie wirklich einsam ist, denn wie kann man einsam sein, wenn überall umher das Leben tobt. Wie kann es innerlich in einem Menschen so ruhig werden, wenn Lösungen dennoch – wenn vielleicht nicht immer gleich glänzend sichtbar – in jedem von uns liegen. Wie kann es sein, dass es manchmal die Nuancen, die Details sind, die unseren größten Umschwung beeinflussen könnten, für uns nicht sichtbar sind?

Fragen über Fragen. Manchmal meldete sich auch Inas sogenannter Therapeut. Die Sitzungen, die sie schon gemeinsam hinter sich gebracht hatten, waren sicherlich nicht schlecht, doch warum sollte sich an ihrem Zustand etwas verändern, nur wenn sie die fachlichen Bezeichnungen des Ursprungs ihres Übels kannte. Für viele sicherlich der Rettungsanker mit all dem, was in den Stunden aufgeschlüsselt, besprochen und mit Lösungsansätzen versehen wurde, nur Ina kam sich vor wie in einem Dauerroulette.

Das Ende einer Ära

Irgendwann – Ina konnte sich nicht erklären, wie lange es genau war – kam sie wieder nachhause. Verpflichtet ihren Therapeuten noch häufiger zu besuchen. Den Deckmantel nach wie vor über allem was geschehen war gelegt. Antonia kannte die Wahrheit. Der Rest des Umfeldes kannte: Unfall, Krankenhaus, Genesung. Sie startete wieder die Arbeit, das Tages Rad hatte sie zurück. Aufstehen, zur Arbeit gehen, nachhause kommen, aufs Sofa fallen, schlafen. Mal grob zusammengefasst, doch viel mehr gab es da auch nicht. Tränen liefen, wenn keiner zusah. Gelacht wurde, wenn andere im Umfeld waren. Immer am lautesten am Lachen. Die erste, die sich vor Lachen auf die Oberschenkel schlug. Und dabei war ihr am allerwenigsten nach lachen. Lieber hätte sie aufgeschrien. Auch wenn es stumme Schreie waren. Sie schrie jeden Tag in sich hinein. Wie kurz vorm Zerbersten, weil der komplette Raum in ihr nur noch aus Schreien bestand. Doch das durfte keiner mitbekommen. Schließlich musste sie ja auch den Ansprüchen der Gesellschaft gerecht werden. Tag ein Tag aus. Und immer wieder dieser Traum, was ihr Traum sei. Sie konnte es sich nicht beantworten. Zu kraftlos. Ihre komplette Energie ging dafür drauf den Tag zu überstehen. Kraftlos, matt und abgeschlagen. Eines ihrer Gespräche mit Antonia brachte sie zum Grübeln. Es war noch erst wenige Tage her und die Worte schallten in ihren Ohren, als wären es gerade einmal wenige Minuten oder gar Sekunden her gewesen: „Ina, meinst du die Therapie hilft dir noch? Oder überhaupt? Du bist immer mehr ein Schatten deiner Selbst. Ich kann da auch nichts dran ändern, aber du kannst es doch. Also meinst du vielleicht so ein paar Tage Tapetenwechsel, vielleicht in Form einer Kur oder so wäre was für dich? Also ..." Antonia machte sich wirklich Sorgen um ihre Freundin, ehrlich und aufrichtig. War mit ihrem Latein genau genommen am Ende. Wie das Gespräch auf Ina wirkte war kurz zusammengefasst folgendermaßen: „Du Psycho, ich habe keinen Bock mehr auf dich, verschwinde." Die Wahrnehmung auf Ina bezog sich immer mehr auf die Schatten, dass sie das Opfer ihrer eigenen Taten war. Kurzzeitig beugte sie sich dem Gedanken und fasste neuen Lebensmut, wenig später darauf zerfloss sie wieder in Selbstmitleid. Ein stetiges Auf und Ab. Ab und Auf. Ein sehr anstrengender Lauf gegen sich selbst. Andere gingen feiern, fuhren in Urlaub, ließen es sich gut gehen. Ina verschüttete sich selbst unter dem, was sie Probleme nannte und für die sie sich keine Lösungen erdenken konnte. Der Kopf ratterte von morgens bis abends. Alles grau in grau. Trübe, nebelig, verschwommen schien ihr größtenteils schon selbst die Sicht auf ihr Leben und die Dinge um sie herum.

Eines Tages. Ina lief Gedankenumtrieben umher und wusste nicht mehr weiter. Ihre Welt war so still stehend und so setzte auch sie sich auf eine Bank. Sie war wohl schon stundenlang durch die Felder und Wälder am Ortsrand gelaufen. Eigentlich untypisch für sie, doch das Bewusstsein, dass es so nicht mehr weitergehen konnte, wuchs Stück für Stück. Ihre Therapie – oh mein Gott, das darf nie außer Toni wer erfahren, sonst denken doch alle ich bin ein Vollpsycho – dachte sie sich immer wieder, lief zwar weiter, doch irgendwie fühlte sie sich nach wie vor leer. Andere, die sie immer vor oder nach der Sitzung in der Praxis antraf, machten Fortschritte, ja galten schon fast als oder auch gar ganz als austherapiert. Doch bei Ina war es irgendwie anders. Sie verstand vieles, aber sie fühlte sich nicht. An besagtem Tag saß sie nun – allein wie eh und je mit ihren Problemen – auf der Bank. Sie nahm aus ihrer Hosentasche ihr Handy und suchte ohne dabei zu suchen in Social Media umher. Überall lachten sie Bilder von perfekten Menschen an. Wunderschön. Im Urlaub, auf dem Balkon zuhause, lachend, strahlend. Alle schienen so glücklich und gaben das perfekte Bild ab. Sie suchte und suchte, ohne dabei zu suchen. Denn sie wusste nicht einmal was sie genau hätte suchen sollen. Sie selbst war unscheinbar, hatte vor Jahren auf ihrem Social Media Account mal Bilder von einem Waldstück oder Blumen auf dem Balkon gepostet. Sie selbst wollte nicht gesehen werden. „Mit den anderen perfekten Menschen kann ich ja eh nicht mithalten, also bleibe ich lieber im Hintergrund. Mein Leben ist ohnehin unspektakulär, also was soll's", dachte sie immer und immer und immer wieder. Ermüdend. Sie scrollte und scrollte und plötzlich stoppte sie. Da war ein Post, der ihr vorgeschlagen wurde. Sie schaute minutenlang auf das Bild. Eine Lichtung am Waldrand. Schmetterlinge über einem blühenden Wiesenstreifen. Ein Reh am Waldrand. Sonnenstrahlen, Wolken im Hintergrund. Eine Explosion an Farben. „Seltsam", dachte sich Ina, „was bitte fasziniert mich hieran gerade so sehr und warum bleibe ich bitte daran hängen? Ein Bild, das es hier auch ständig zu sehen gibt. Ok das Foto ist gut aufgenommen, aber warum finde ich es gerade nur so faszinierend?" Während sie sich ihre Fragen weiter und weiter stellte und das Bild betrachtete, scrollte sie ein Stück nach unten. Da war ein Text. „Die Wunder in diesem Leben geschehen dann, wenn wir anstatt zu denken alle Farben und Nuancen dieser Welt spüren, fühlen und greifen können. Wo Schatten sind, da ist auch Licht, es liegt an uns, ob wir unser Leben spüren und leben wollen oder im Schatten still sitzend uns verwehren die Wunder spüren zu können. Was dem einen seine Freude ist dem anderen sein Leid. Also stelle dir die Frage: träumst du noch oder lebst du schon?"

Träumen? Schon wieder träumen. Ina war beschämt, denn sie fühlte sich angesprochen. Sie drückte nicht auf gefällt mir, um ß nicht aufzufallen. Sie ließ immer und immer wieder den Text durch. „Träumst du noch oder lebst du schon?" Und „was ist dein Traum?" Sorry aber wollte die Welt sie gerade verarschen oder war das die Ironie des Schicksals?

Keine passende Antwort drauf. Und doch war sie fasziniert von dem Bild und dem Text. Sie schaute sich den Text immer und immer wieder an und auch das Bild. Dann nahm sie allen Mut zusammen und schaute sich das Profil des Verfassers an. Bilder die wie aus einem Bilderbuch aussahen. „Wieder so ein Modell Profil", dachte sich Ina und widerrief sofort alles, als sie weiter nach unten suchte. Da waren Bilder, die sahen gar nicht so aus, die schienen düster und traurig. Was ist das denn? Ich bin doch die einzige, die nicht der Norm entspricht, floss es immer und immer wieder durch ihren Kopf. Wie kann sie ein Bild, ein Profil so faszinieren? Waren da doch Parallelen zwischen dem Leben, das Ina gerade führte, und wohl auch diese Person mal geführt hatte? Fragen über

Fragen. Ina war angetan. Konnte es sich selbst nicht erklären und wollte mehr wissen und erfahren.

Von nun an suchte sie jeden Tag nach dem Profil, nach der Person, die hinter dem Slogan stand „Träumst du noch oder lebst du schon?". Wie konnte es sein, dass diese Person scheinbar auch mal an einem ähnlichen Punkt wie Ina stand und nun das Leben, ihr Leben, in allen Facetten und Formen leben konnte?

Wendepunkt

Die Tage vergingen weiter und weiter und weiter. Alter Trott, alte Muster, Ina war wieder mit sich und ihrem Leben im Zweikampf. Eines Abends auf dem Sofa scrollte sie wieder zu dem Profil und las den neuesten Post. In dem ging es darum, dass die Person sich so tiefgründig und herzlich bei einer anderen Person bedankte, dass Ina sich deren Profil anschauen musste. Farbenfroh, lebensfroh, anziehend. Und dann stolperte sie über einen Begriff „Human Design" stand da. Was für ein Ding- dachte sich Ina. Bitte – jetzt wird es ja wohl mega seltsam –... Seltsam, nein sie war noch mehr fasziniert und studierte auch dieses Profil von unten nach oben. Sie war angetan. Wie konnte allein das bitte schon mal sein. In ihrem Leben war doch nur Platz für Leere und Unmut und all das Zeug. Selbst die Therapie eines studierten Menschen, der sich wohl richtig gut auskennen musste, brachte sie nicht voran. Sie saß wieder da. In sich zusammen gekauert und weinte und weinte. Sie war fix und fertig und an dem Punkt, an dem alles in ihr zusammen sackte, alles grau wurde, die Sicht nur noch eine reine Nebelsuppe war, geschah es, dass sie gar nicht mehr so viele Gedanken aushalten konnte. Klickte auf das Profil der Person, die sie mit diesem Wort das erste Mal in Berührung brachte und schrieb ihr eine Nachricht, eine Nachricht, die genau genommen ihre Situation in Prägnanz zusammenfasste. Sie tippte eine Nachricht ein und schickte sie ab. Was hatte sie nur getan, sie hatte tatsächlich eine Nachricht raus gesendet. Konnte sie nicht einmal zurückrufen, die Nachricht war raus.

Ina weinte weiter. Ihr Handy blinkte auf. Eine Antwort. So lieb geschrieben, dass Ina ihren Augen kaum trauen konnte. Wie konnte sie das verdient haben, wo ihr Leben doch so aus dem gesellschaftlichen Ruder gelaufen war?

Gedanken über Gedanken, sie öffnete die Nachricht. Eine Nachricht, die – heute weiß sie, dass es definitiv so war – ihr Leben verändern sollten.

Der Weg

Sie startete Stunden bei der Frau, die sie noch vor kurzer Zeit nur von der Social Media Seite kannte. Sie lernte viel über sich selbst, erweckte Farben in sich die sie vorher nicht kannte oder im Bewusstsein hatte. Es war wie von Zauberhand. Es war intensiv. Sie musste. Sie durfte. Sie hatte die Möglichkeiten. Möglichkeiten mehr von sich zu erfahren und so sich selbst näher kommen zu können. Erleben wie es sein kann, wenn sich Türen öffnen. Türen zum Herzen hin. Durch Wege hindurch die es erforderten einige verschlossene Türen zu öffnen, zu durch gehen. Durch den Schmerz, durch das, was Betäubung und übermäßigen Konsum gefordert hatten. Durch all den Scheiß hindurch. Sich durch Mist buhlend, um die Steine darunter wegräumen zu können und Platz für Neues zu schaffen, um erst mal an die Türen dahinter kommen zu können und dann Schritt für Schritt weiter zu gehen. Manchmal leichter, manchmal schwerer. Tage, an denen sie dachte, sie könne nicht mehr weiter gehen. Tage an denen sie an sich selbst zweifelte. Aber alles in allem das Wichtigste war es nicht aufzugeben, sondern weiter zu machen. An sich selbst zu glauben zu lernen. So vieles hatte sie in sich begraben. Ihren Selbstwert. Ihren Ausdruck. Ihre Einzigartigkeit. Teile von dem ausgraben zu können, was im Verborgenen so lange schlummerte, war ein reines Wunder für sie. Wir alle sind in der Lage uns selbst – auch wenn das bedeutet Hilfe anzunehmen und darum aktiv zu bitten – zu heilen. Zu lieben. Anzuerkennen und wertzuschätzen. Wie oft vergleichen wir uns mit anderen, versuchen uns dadurch abzustufen. Wie wäre es anstelle dessen mit: ich erkenne meine Einzigartigkeit an und nehme mich in allen Farben und Facetten an und erinnere mich stets daran, dass alles in mein Leben kommen wird, wie es mir zu meinem höchsten Wohle dienen wird, wenn ich es mir erlaube und aus ganzem Herzen zugestehe meinen Weg zu gehen. Erinnere dich immer wieder daran: deine Sehnsüchte, deine Wünsche und alles, wonach deine Seele schreit kennst nur du. Vergleichen mit Social Media oder auch im realen Leben macht uns einsam! Warum: weil es andere sind! Weißt du denn, wie es in ihnen aussieht? Wir sehen eher das, wonach wir andere beneiden können und demnach werden wir nicht unser eigenes Bild kreieren, sondern mit aller Gewalt versuch wer zu sein, den wir niemals sein können und genau das gibt den nächsten Schub für all das, was uns nach unten weiter in unserem Sumpf zieht. Wer gibt denn vor, wie wir sein zu haben? Was wir haben sollten und was nicht? Was wir tun sollen und was nicht? Was gut und was schlecht ist. Generell wird uns ständiges Bewerten, Vergleich und Beurteilen immer nur zu dem führen, was uns schadet: wir wollen wer sein, den wir nie sein können! Demnach verstricken wir uns immer mehr damit Vergleiche zu stricken, die uns in eine Scheinwelt abdrängen. Nicht mutig genug in unserem eigenen Strahl zu glänzen und unsere Werte nach außen zu tragen. Stattdessen haben wir Angst vor Ablehnung. Doch woher kommt diese Angst? Wenn wir mal ehrlich sind, durch die Ablehnung unseres Selbst.

„Ina sag mal, was du da gerade machst, scheint viel in dir zu öffnen, was lange geschlossen war", merkte Antonia bewundernd an.

Es ist, als wäre alles, was vorher grau und schwarz war, wie durch bunte schöne Farben ausgefüllt worden.

Ina merkte, wie etwas in ihr wieder wach wurde. Wie das Gefühl der Liebe in ihr wieder heranwachsen konnte, wie sich ihr Leben veränderte. Ihr Umfeld empfand sie plötzlich anders. Liebevoller. Liebe, Dankbarkeit und Zuversicht breiteten sich in ihr aus. Warum? – Sie lernte sich selbst zu verstehen. Zu fühlen und anzunehmen.

Lebst du noch oder träumst du schon?

Was ist dein Traum? Wir alle haben Träume. Der eine mag kleiner erscheinen, der andere größer. All unsere Sehnsucht steckt in ihnen. Unser Umfeld kann uns keine Erfüllung darauf geben, denn das ist unsere Aufgabe. Oftmals treibt uns unsere Sehnsucht – nach dem Traum und dem darin enthaltenen Wunsch einer Veränderung- so weit, dass wir schon fast glauben, es sei unmöglich. Aber all die Puzzle Teile unserer Träume, die wir fühlen, greifen, riechen, schmecken oder voll Farbe erfüllen können, ermöglichen es uns auch unseren Traum zu leben. Ihn zu realisieren, zu manifestieren und letztendlich umzuwandeln und zu leben. Es ist möglich. Der größte Tiefpunkt in unserem Leben kann uns die wundervollsten und magischsten Momente eröffnen und ermöglichen, uns Tore und Chancen geben, die wir uns selbst im Vorfeld starr verschlossen hatten. Mit einem Riegel vorne dran und dahinter nochmal ein Schloss. Dass auch nichts und niemand es wagen könnte, diesen Traum, diese geglaubte Illusion nach oben holen zu können. Doch das Leben, dein Leben, ist immer genau das, was du darin siehst. Und vor allem, was du dir auch erlaubst. Wenn du fest an etwas glaubst, es zudem auch fühlen und schon beinahe wie leben kannst, dann solltest du keine Zeit daran verschwenden, diesen in dir schlummernden Traum zum Leben zu erwecken. Denn irgendwann kann auch irgendwann zu einem niemals werden. Wie würde es sich anfühlen am Ende des Lebens dazustehen und sagen zu müssen: DIESEN Traum hatte ich immer, mein Leben lang. Aber nein, ich habe es mir lieber nicht erlaubt ihn zu leben und nein ich habe lieber meine alten Gewohnheiten genährt, um meinem Traum und der dahinter stehenden Sehnsucht auf eine Veränderung keine Chance zu geben. Nein, viel mehr fand ich es viel besser immer in meinem Gewohnten zu bleiben. Mich damit zu quälen, wenn die Fragen auf kamen: und was nun? Denn nein ich, jeder, wirklich jeder andere kann den Traum leben, diesen Weg gehen, aber ich? Nein, ich kann das nicht. Wie fühlt sich so etwas an? Deprimierend oder?

Es klingt leicht zugegeben Maßen, ja. Aber: wenn wir uns einmal dessen bewusst sind, dass wir voller Unendlichkeit an Möglichkeiten sind, dann kannst du mir sicherlich zustimmen, dass auch dieser kleine Teil an Möglichkeiten machbar ist. Insofern: es diese Möglichkeiten auch gibt. Beispielsweise an einem Bahnhof zu stehen und darauf zu bauen und zu erhoffen, dass ein Flugzeug dich abholen wird, sei mir nicht böse, aber das wird eher weniger der Fall sein. Nein, vielmehr meine ich damit die Unendlichkeit, die wir in uns selbst tragen.

Die Vielzahl an Wunder, die das Leben für uns bereit halten kann, wenn wir daran glauben und vor allem, wenn wir an uns selbst glauben. Wenn wir uns annehmen. An und guten und an schlechten Tagen. Wenn wir uns nicht in Frage stellen, sondern in uns und in unser Leben vertrauen. Vertrauen ist die Basis von allem und bildet gemeinsam mit Liebe das Fundament.

Kopf gegen Bauch

Oftmals hören wir so stark auf unseren Kopf, dass unser Bauch gar keine Chance hat das zu sagen was unser Herz braucht. Wir denken dann so viel, dass gar kein Platz mehr für Träume und Romantik ist. Warum leben wir nicht einfach nach und mit unseren Gefühlen. Aber auch in dem Bewusstsein, dass unser Leben endlich ist und wir jeden Tag, so gut es geht, nutzen sollten. Mit allen Farben und Facetten.

Manchmal neigen wir dazu zu viel denken zu wollen. Denken. Was nutzt uns das Denken, wenn wir mehr fühlen sollten? Ina nutzte eine große Zeit ihres Lebens pur allein zum Denken. Sie dachte sich damit jedoch auch vieles kaputt, denn der Raum für ihre Gefühle wurde dadurch immer enger. Sie ließ sich dazu hinreißen durch ihr Gedankenkarussell eine Welt anzunehmen, eine Realität zu erschaffen, in der sie Opfer ihrer selbst war. Es sind keine brachialen Wunder, die sie wieder zu sich selbst geführt haben. Es war ein, ja kann man anders nicht sagen – ein magischer Pfad mit umhergestellten Wegweisern, der sie Stück für Stück zu sich selbst bringen sollte. Verstehen wir uns selbst besser, können wir uns wieder fühlen. Können wir uns fühlen, werden wir lebendig und wenn wir lebendig sind, haben unsere Träume wieder Raum sich zu unserer Realität zu erschaffen. Und Lebendigkeit muss nicht bedeuten, dass es rein um das körperliche Befinden geht. Klar, wenn wir uns von unseren Gedanken nach unten ziehen lassen, dann haben wir auch weniger Lebensbewegung in uns. Nur allein die Entscheidung, für uns, für unser Leben einzustehen, bringt uns voran. Dennoch gibt es Phasen im Leben, da haben wir das Gefühl wie eingefroren festzustecken. In diesen Momenten ist es immens wichtig, dass wir uns selbst daran erinnern: wer wir sind! Wer wir sind kann uns keiner lehren, denn wir sind wir und jeder ist individuell und demnach auch anders. Ina durfte allerdings etwas ganz entscheidendes lernen: wer sie sein kann und welche Möglichkeiten in ihr stecken, wenn sie dem fort, was ihrer Energie und ihrem Typen entspricht. Die Therapie konnte ihr das nicht geben- wohl gemerkt, vielen tut es das sicherlich. Nur für Ina waren all die medizinischen Beschreibungen und daraus resultierenden Gesprächsstoffe nicht greifbar. In ihren Lehrstunden über sich selbst jedoch ging es um kein Allgemeinrezept, dass für jeden Menschen gleicher Bedeutung war, nein, viel mehr erlaubte ihr diese Zeit durch eine Lehr- und Wegbegleiter-Person sich selbst näher gebracht zu werden. Schnell wurden ihr so viele Parallelen dessen, was ihrem Typen entsprach und wie es auch tatsächlich in ihrem Leben war, bewusst und sie konnte ihre Erkenntnisse daraus ziehen. Nun mehr ging es weniger um das Verstehen einer Sache, sondern das Fühlen und Herausfinden und diese Reise brachte sie Stück für Stück zu sich selbst. Und aus vielen Fragen, wie: oh man was stimmt mit mir nicht? Wurde ihre Erkenntnis: wow, das war jetzt genau so, wie es sein sollte, denn diese Lebenserfahrung bringt mich weiter. Es wurde zwischen vielen verschiedenen Typen/Energien unterschieden, die unter sich auch nochmal so viele Detail Unterschiede hatten, dass es einfach für Ina nur magisch war.

Erntezeit

Es war wieder einer dieser hochsommerlichen Tage. Ein Jahr später. Ina wohnte noch mit Toni in dem gleichen Haus, arbeitete in derselben Firma und doch hatte sich ihre eigene Welt und die in sich selbst und damit auch die um sie herum verändert. Sie zog eines ihrer neuen Lieblingskleider an und machte sich auf den Weg zu Arbeit. Da holte sie etwas ein, dessen sie lange keine Beachtung mehr geschenkt hatte: Was ist dein Traum? Schallte es ihr wieder in den Ohren. Wenn man Ina nach ihrem Traum fragte, dann hatte sie mittlerweile ihre Antwort auf die Frage für sich entdecken dürfen: „ich will frei sein, fernab von all den Gedanken, die mich so lange begleitet hatten. In einer Welt, die ich sehen und spüren kann", bei dieser Antwort hatte Toni einmal laut los gelacht und geantwortet: „Ina, hör auf zu philosophieren!" „Bitte was?", lautete Inas Antwort. „Tue es!", reagierte Antonia darauf. Was sollte ihr diese Unterhaltung mit auf den Weg geben und warum war ihr die Frage auf einmal so präsent?

Weil in jedem von uns Träume schlummern. Weil es manchmal keinen riesigen Grund für etwas geben muss, dass wir auf einmal wieder die Erinnerung an das spüren können, das uns dazu ermutigt jeden Tag aufzustehen und für uns und unsere Träume einzustehen.

Welchen Traum hast du? Bist du dir deines eigentlichen Traumes bewusst? Oder hangelst du dich an einer Illusion entlang, von der du glaubst, dass das dein Traum sei? Spürst du deinen Traum? Siehst du ihn? Realisierst du ihn? Ist es dein Traum? Ist es ein Traum?

Wir sind uns häufig gar nicht so recht dessen bewusst, wie stark und magisch unsere Träume sein können. Die Magen darin steckt, dass wir sie uns wahrhaftig erfüllen können, wenn wir dazu bereits sind auf dem Weg dorthin auch alles fallen zu lassen, was uns daran hindert, unsere Träume zu leben.

„TRÄUMST DU NOCH ODER LEBST DU SCHON?"

Es ist völlig in Ordnung Tage zu haben, an denen uns die Welt etwas grauer erscheinen mag. Aber vergesse nie, dich zu kennen, ermöglicht es dir, dich selbst jederzeit an Liebe zu erinnern. Und was sollen wir alles sammeln, was uns nicht stützen mag, denn viel wertvoller ist es zu wissen, dass wir uns selbst halten können. Halten im Sinne von Balance, Annahme und Selbstliebe. Erinnere dich selbst immer wieder weit und unendlich dein Weg sein kann, voller Farben, Freude und Liebe. Ohne, dass du ein Ende zu sehen vermagst. Erinnere dich selbst an die Liebe. Die Liebe in dir. Um dich herum. Dann scheint alles greifbar und dann kannst du erkennen, wer du wirklich bist und wie es sein kann. Erinnere dich an deine Unendlichkeit. An all das, was du sein kannst. Erinnere dich an all deine Möglichkeiten, die dir offen stehen, wenn du bereit bist alles loszulassen, das dir den Weg zu deinen Träumen verbaut. Denn nur wir selbst kennen unsere eigene Wahrheit. Unseren Traum. Nur wir können spüren, wie es sein kann und wer wir uns dadurch machen können. Das heißt nicht, dass wir wer anderes werden müssen, sondern vielmehr, dass wir so leben sollten, wie es unserer Wahrheit entspricht. Erinner dich an all das, was möglich ist. Und solltest du diese Erinnerung nicht in dir finden können, dann stelle dir die Frage: wohin will ich reisen? In mir selbst und dadurch auch auf dieser Welt.

Manchmal braucht es aber auch den tiefen Schmerz, um genau auf den Weg zu gelangen, der in dem Moment genau das richtige und passende ist. Wir dienen dann erst uns und unserem Leben aus voller Kraft, wenn wir hinsehen und erkennen, was unser tiefer Wunsch ist. Alles, was nur auf der Oberfläche gekratzt wird, wird auch immer dort oben bleiben. Oftmals kann es dann passieren, dass wir wem dienen, nur nicht uns selbst. Unser höchstes Wohl kann dann aber nicht gelebt werden. Dann erst wir unser selbst unser Herz in Liebe tränken, können wir dorthin gelangen, wo Bedingungen keine Rolle mehr spielen. Keine Bedeutung mehr haben, erst dann kommt der Punkt zur bedingungslosen Liebe. Und auch erst dann können wir in voller Liebe Seite an Seite gehen, ohne dabei zu schauen wer sonst was tut. Denn dann sehen wir uns selbst nicht, sondern nur noch das was uns umgibt. Sehen andere, aber verlieren dabei uns und unsere Sehnsüchte. Unsere Wünsche. Unsere Träume. Aber das erst ist der Grundbaustein. Denn je näher wir uns unserem eigentlichen Traum, unserem wahrhaftigen Traum kommen, desto mehr zeigt sich erst wie viele Grenzen wir für uns selbst überwinden dürfen und auch müssen, um dessen näher zu kommen. Denn man kann so vieles verändern, wenn man zu Veränderungen bereit ist.

Es ist okay, wenn es zwischendurch Tage gibt, die uns mal grübeln lassen, die vielleicht einfach mal nicht die Welt rosarot erscheinen lassen. Aber auch das ist okay, schließlich wachsen wir an unseren Herausforderungen und wir dürfen lernen, die alles in Fragestellerei bei Seite zu legen. Denn genau die bremst uns aus. Wo Licht ist, sind auch Schatten und wo Schatten da Licht. Mit mir die Frage, die uns am meisten voranbringen wird, ist, was wir in uns und in unserem Leben sehen, erkennen und verinnerlichen wollen. Wollen wir von zehrenden Gedanken leben oder uns frei und biegsam bewegen können? Beide Seiten vereinen, was uns das Leben jeden Tag, jede Stunde, jede Minute, jede Sekunde zur Verfügung stellt. Was genau wir davon annehmen? Unsere Sache. Was wir draus machen? Unsere Sache. Wie wir leben? Unsere Sache. Dabei spielt dann Egoismus keine Rolle mehr, sondern der Wille des Strebens nach Glückseligkeit.

Ina schaute sich um. Sie konnte so vieles schon umsetzen, ihr Leben erschien ihr immer leichter. Wie eine Feder. Alles wurde immer farbenreicher. Es war an einem Freitagnachmittag als sie nachhause kam und sich schon sehr auf ihre nächste Lerneinheit freute. Irgendwie hatte sie schon das Gefühl, dass sie kurz vor etwas wundervollem stehen könnte, wenn sie nur genau hätte definieren können, woher das Gefühl kam. Die letzten Tage hatte sie einen leichten Hänger. Sie hatte aber nun verinnerlicht, dass auch das ok war. Und dass auch diese Teile in ihr und um sie herum so in Ordnung waren. Weil alles ein Teil des Lebens ist. Schatten und Licht. Es kostete sie aber dennoch mehr Kraft, sich die Glanzseiten nach oben zu holen, zweifelte immer mal wieder hier und da und versuchte den nächsten Meilenstein aufzuspüren.

Was an diesem Tag noch für sie an Erkenntnissen fließen sollte, war ihr erst noch gar nicht so sehr bewusst gewesen. Plötzlich sah sie wieder den Traum, den sie einst in der Klinik hatte. Die Berge, Seen und ihre Interpretation der Freiheit. Sie sah die Farben. Das grüne Gras, das Tiefe blau der Seen. Jedes Geräusch nahm sie wahr. Aber: sie schlief nicht. Sie war wach und dennoch erhellte dieser Traum um sie herum. Die Gerüche, die Eindrücke. Alles schien ihr so real. Sie saß an dem Tisch bei ihrer Lehrerin und wusste gar nicht so recht, was genau geschah, als auf einmal dieses Gefühl in ihr hochkam. Sie fühlte sich, als stünde sie barfuß auf dieser Wiese. Um sie herum die Kühe. Sie fühlte jeden Grashalm unter ihren Füßen, sie nahm jedes Muhen war. Sie sah nach oben, sah den strahlend blauen Himmel. Sie blickte zur Seite, sah das Wasser, die Seen. Die Berge. Die Bäume. Sie war in ihrem Traum Ort angekommen. „Ja, das ist mein Traum!", schrie sie auf einmal hervor. „Ich sehe es, ich spüre es, ich fühle es. Ich werde diesen Traum leben!" Ina war selbst erschrocken, wie klar ihr auf einmal die Erkenntnis kam, dass genau dieser Ort ihr Ort sein könnte. Halt, nicht sein könnte. Werden wird! Es war ihr klar, so klar wie noch nie zuvor! Ihr Ort! Ihr Leben! Ihr Wunsch und vor allem ihr Traum! „Träumst du noch oder lebst du schon", klingelte es ihr in den Ohren. Sie hatte die Antwort auf ihre Fragen. Aber Moment mal und nun? Sie hatte sich gerade so gut wieder in ihrem Leben eingefunden. An dem Ort, an dem sie wohnte und lebte, gab es alles. Ihre Familie, Freunde und Arbeitsstelle. Ein solides soziales Netz und ein sicherer Job. Was sollte sie nun tun? Was könnte ihr Weg sein? Wohin sollte sie gehen? Und was sollte sie tun? Der Traum war doch so klar. Aber alles hinter ihr lassen? Alles aufgeben? Oder war das, ja genau das, ihre Chance auf einen Neuanfang? Die Bilder von dem Traum und das Gefühl, dass sie dabei empfand. Alles so real. So leicht und doch stabil. Und doch ein anderes Gefühl als es hier an ihrem Wohnort war. Es war freier. Leichter, durchdringender. Noch lebendiger. Noch freier. Noch glückseliger. Wie kann das sein? Kam ihr in den Kopf.

Zeit zum Leben

Plötzlich umschwirrte ihr ein Liedtext durch den Kopf und brachte ihr die Tränen in die Augen: „ Wir waren geboren um zu leben ..." kreiste es in ihr. Nicht in ihrem Kopf, der sie die letzten Jahre zur Genüge auf Trab gehalten hatte. Nein ... in ihrem Herzen. Die Tränen liefen und liefen. Die letzten Tage war sie zu viel im Denken gewesen, hatte zu wenig ihrem Bauchgefühl und ihrem Herzen gefolgt. Wenn wir doch nur ein Leben haben, worauf wartete sie dann und warum war es ihr gerade jetzt so wichtig, dass all die Tränen fließen durften? Weil es an der Zeit war so richtig in ihr aufzuräumen, sich frei zu waschen, um all die Wunder dieses Lebens erleben zu können. Ja das war das Gefühl, dass ihr immer stärker kam. Keine Ablenkung im Außen zu suchen, kein: wenn ich hier nicht gefragt bin, bin ich nichts wert und weil dieses und jenes schon mal so war, wird es immer so sein! Nein! Jetzt, nur jetzt war der Punkt gekommen, dass sie auf sich und ihr Gefühl hörte. Diese Gedanken!!! Wie zum Beispiel, wenn ich dieses und jenes nicht erzähle und jedem gleich auf die Nase binde, ist es falsch oder ein Geheimnis, erzähle ich zu viel, bin ich aufdringlich. Meldet sich der und die nicht bei mir, bin ich alleine und unwichtig und unbrauchbar. Wenn ich so nicht aussehe, bin ich nicht hübsch genug und wenn ich diese Kenntnisse nicht habe, kann ich meinen Job nicht so gut machen wie andere! Stopp!!! Wer sagt uns, wie wir zu leben haben? Wir sind in einer ständigen Bewegung im Leben und in dem Moment in dem wir anfangen still zu stehen, dann steht unsere Welt in uns still und wir sind nicht mehr in der Lage unseren Gefühlen zu folgen. Dabei sind genau sie es, die uns den Weg auf unseren Weg weisen können. Die Dinge, die wir schon immer tun wollten, sind immer noch machbar. Wir erschaffen uns unsere Welt jeden Tag aufs Neue selbst. Warum nicht einfach leicht, frei und wundervoll? Keine sagt, dass wir uns selbst mit Schwermut füllen müssen und keiner gibt uns Regeln vor, außer wir uns selbst!!!

Freude, Liebe und Dankbarkeit sind die Wegbegleiter, die uns am allermeisten voranbringen können, wenn wir es zulassen und wenn wir es uns erlauben. Einfach mal wie ein kleines Kind schaukeln gehen und tanzen und lachen und die Welt um uns herum vergessen. Das geht. Es geht alles. Ina war kurz vor davor ihre Lebendigkeit zu verlieren. Sie fühlte sich so oft alleine und verlassen, bis sie merkte, dass es einen Menschen in ihrem Leben gab. Einen. Dem sie es recht machen sollte, an erste Stelle stellen, lieben und ehren, schätzen und immer zu erst fragen sollte. Dem sie jeden Tag mit einem guten Gefühl in die Augen schauen muss. Den sie wie keinen anderen lieben kann und dem sie beweisen musste, wie ernst es ihr mit der Beziehung war: sie selbst. Der Rest kommt von alleine, wenn wir uns bewusst werden, dass alles möglich ist, wenn wir uns selbst und dem Fluss des Lebens vertrauen. Bedingungslos. Voller Liebe und aus ganzem Herzen. Manchmal sind es aber auch nach vielen großen Knoten, die wir mit Hilfe lösen durften, einfach die kleinen, die wir selbst still und leise in uns lösen und dadurch wieder zu neuen Wundern bereit sind und leben. Uns am Leben betrinken und einfach frei sind. Wir sind frei. In jeder Sekunde und wenn wir das annehmen und wertschätzen und dankbar in Freiheit wandeln, dann kann jedes Wunder geschehen.

Was müssen wir tun? Unserem Gefühl, Herzen und der Liebe folgen. Vertraue in den Prozess des Lebens und die wundervollen Ganz-Seiten kommen zu dir geflogen.

Überlege nicht was war, denke dir nicht tot, was sein könnte, und stelle im Hier und Jetzt nicht alles in Frage, sondern lebe! Einatmen, ausatmen, leben!

Traumland

Ina war in ihrem Gefühl ständig bei dem Traumort. Wie es dort wohl sein sollte. Ob das ihre Befreiung bedeuten würde? Oder eine Illusion? Nur eine Idee?

„Mensch Ina", sprach Toni zu ihr, als Ina ihr von dem Gefühl zu dem Ort berichtete, „es ist doch einfach!" Ina zog die Augenbraue hoch. „Einfach?", wiedergab sie an ihre Freundin. „Klar!", antwortete Antonia prompt, „du musst diesen Ort finden!"

In manchen Momenten im Leben (vielleicht kennst du diese Art der Situationen) haben wir so viel Vorfreude auf etwas und tun uns dennoch schwer es uns zu erlauben. Erlauben die Situationen (das Neue) einfach mal zu wagen, weil dann Einwände kommen (von uns selbst wie): oh das geht doch nicht, wird nichts werden, kann nichts werden, wenn das nicht gut geht, so was ähnliches habe ich schon mal versucht und damals war es nichts, ich kann das nicht, was soll das schon werden, das kann ich doch nicht einfach machen... was die anderen wohl denken, die haben mich schon immer verurteilt, weil...

Genau DAS aber sind Einwände von uns selbst, an uns selbst und wenn dann noch das passende aus dem Außen dazu folgt, dann aus einem einzigen Grund: wir folgen genau diesen Gedanken, dieser Energie und ziehen damit genau all das an uns. Aber: wenn wir in dieser Rolle verharren, dann bleiben wir immer an unserem Punkt im Leben. Und damit Punkte, die nun auch vor Ina standen, waren: dass kein anderer entscheiden konnte was richtig oder falsch war, außer sie selbst. Sie stand einfach vor diesem Abschnitt, an dem sie annehmen durfte zu vertrauen, die Vergangenheit hinter sich zu lassen und das Neue und das, was alles ihre Träume erfüllen könnte, in Liebe und Dankbarkeit anzunehmen. Manchmal sind es große Schritte, manchmal auch ganz kleine, die es für uns zu überwinden gilt, um nach vorne zu kommen. Um über den Tellerrand unserer Komfortzone zu blicken und für das loszumarschieren, was uns glücklich macht.

Aber mindestens genau so wichtig ist es, dass wir uns selbst treu bleiben. Unserem Gefühl folgen und auch unsere Grenzen respektieren und achten. Grenzen bedeutet nicht, dass wir uns selbst begrenzen, sondern nur für die Dinge los gehen, die wir wirklich aus ganzem Herzen wollen und auch mal liebevoll nein sagen, wenn etwas aufklappt, dass eben nicht unserem Wunsch entspricht. DAS bedeutet dann Bedingungslosigkeit uns selbst gegenüber und währt am längsten, wenn wir uns selbst gegenüber ehrlich sind.

Ina neigte gerne dazu sich in ihren Gedanken zu verlieren. In solchen Momenten schien alles um sie herum zu einem grauen Brei zu werden, denn dann war einfach kein Platz mehr für Träume. Für Farben und für alles wundervolle, was die Welt so zu bieten hat.

Aber aus welchem Grund sollten wir uns runterziehen lassen, wenn es darum geht einzigartig und wundervoll zu sein. Warum sollten wir uns denn nicht einfach mal auch erlauben, uns selbst zu der wichtigsten Person in unserem Leben zu machen?

Braucht es denn wirklich einen Reiz vom Außen, dass wir kapieren, wer wir sind? Was wir wollen und wo wir hingehören? Nein, denn jeder Augenblick gehört alleine uns. Und erst dann, wenn wir begriffen und vor allem gefühlt haben, dass alles bei uns selbst beginnt und endet, ja erst dann kann das Leben um uns herum so werden, wie wir es uns wünschen.

An diesem Wegpfeiler befand sich nun auch Ina. Würde sie weiterhin versuchen sich auf ihr Umfeld zu konzentrieren und demnach ihr Leben richten oder würde sie den Mut haben ihr Leben in die Hand zu nehmen, mutig voranzuschreiten, um so alles in ihr Leben an Menschen, Situationen und Wundern anziehen zu können, wie es ihr größter Wunsch war?

Es lag einzig allein an und in ihr.

Letztendlich ist es im Leben entscheidend, was wir für uns selbst wollen. Unabhängig davon, was andere als ratsam oder gut empfinden, denn das Glück finden wir immer nur bei uns. Viele Menschen – und das war auch Ina aufgefallen – suchten ihr Glück in Umständen oder Zusammenhängen im Leben. Beispielsweise: habe ich den perfekten Partner an meiner Seite und wohne im perfekten Haus und habe das perfekte Umfeld ... dann, aber erst dann kann ich glücklich sein. Perfekt, was bitte ist perfekt? Wer entscheidet, wie wir selbst perfekt sind? Wer entscheidet, was perfekt für uns ist? Und was, wenn genau all der Perfektionsmuss und die dran gekoppelten subjektiven wenn – dann – Geschichten genau das sind, was uns daran hindert unser Glück bei uns selbst finden zu können. Ina ließ sich auch viele Jahre mitreißen. Zu sehen, was andere haben. Was sie nicht hat. Was andere machen, was sie nicht macht. Was sich andere trauen, was sie sich nicht traute. Wie glücklich andere schienen und sie selbst in Einsamkeit und hin und her gerissen sein immer mehr verstummte. Welches Bild sie sich selbst dadurch von sich selbst machte. Und umgekehrt auch von anderen. Was sie glaubte zu brauchen – stets im Mangel denkend – was sie nicht hatte. Dass andere mehr hatten – egal ob finanziell oder mental – und sie nicht. Ein zermürbender Kreislauf, den wir uns gerne hingeben. Und warum? Weil wir uns selbst nicht sehen. Alles um uns herum ist stets eine Momentaufnahme dessen, was wir denken, fühlen und damit auch ausstrahlen. Rein physisch betrachtet auf das Gesetz der Anziehung heruntergebrochen kann es dann wohl schon mal gar nicht funktionieren, das zu finden, was wir uns wünschen, wenn wir das Gegenteil anziehen.

Verwandlung

Ina setzte sich auf ihr Bett. Schloss die Augen und ließ sich in ihren Gedanken und Gefühlen treiben. Sie stellte immer mehr für sich fest, dass die einstige Leere, Kälte und Dunkelheit sich zu einem farbenfrohen Spaziergang in Leichtigkeit entwickelte. Nun aber kam ihr immer mehr die Frage auf: „Was genau hat sich denn bitte in meinem Umfeld so sehr verändert, dass auf einmal alles so verwandelt erscheint?" Es gab nur eine Erklärung – deren Bewusstsein sie wie in neue Dimensionen schleuderte – es hatte sich nichts, wirklich rein gar nichts in ihrem Umfeld verändert – das einzige, das sich verändert hatte, war sie selbst. Sie mit ihrer Sicht auf sich selbst und damit auch das Leben. Was sich für sie einst so anfühlte als sei sie selbst das Opfer ihres Lebens und sei geboren, um anderen nach laufen zu müssen und damit auch ihr Leben ferngesteuert leben zu müssen, entpuppte sich immer mehr als Freiheit. Ihr fiel auf, wie viel sich veränderte, weil sie selbst immer mehr den Weg zu sich selbst fand.

„Egal ob wir an Spiritualität glauben oder nicht. Das Leben ist Magie. Ist Anziehung. Ist Energie." Die Worte ihrer Mentorin hallten ihr um die Ohren. Auch sie war es nicht, die für Ina das Leben lebte. Aber: sie war es, die ihr immer mehr aufzeigte, welche unbegrenzten Möglichkeiten sich in Inas Leben boten. Wie viel sie sein konnte, wenn sie es zuließ. Ja auch diese gemeinsamen Wege waren zum Teil steinig. Waren holprig. Es tat auch verdammt weh bei dem ein oder anderen im Tiefgang hinzuschauen, weil sich dadurch auch so vieles als Täuschung entpuppte. Es sind nicht die anderen, die uns in eine Opferrolle pressen. Es sind wir selbst, die es tun, um unserer eigenen Wahrheit, unseren Träumen nicht in die Augen schauen zu müssen. Warum? Weil es einfacher ist. Einfacher hinterherzulaufen, anstatt Schöpfer unserer Selbst zu sein. Einfach aber auch nur scheinbar, denn im Endeffekt gibt es nichts leichteres und wünschenswerteres, als den Ankerplatz bei uns selbst zu finden. Häufig sind es Dinge, die wir einst gelernt haben. Schon im Kindesalter. Mache es so und so, dann sind Mama und Papa zufrieden mit dir. Lach nicht zu laut, weine nicht, sei vorzeigbar.

Ina schaute auf dem Bett liegend an die Decke: „So und wer genau definiert das dann bitte für uns was gut und was schlecht ist?" Die Frage schien genau so plausibel wie alles andere um sie herum. WIR SELBST. Ihr wurde auch immer bewusster und dadurch klarer, was sich an ihrem Verhalten, an ihrer Handlung und dadurch auf an der Resektion ihres Lebens auf sie selbst verändert hatte. Früher war es ihr ein Kampf, ein Wettbewerb gegenüber anderen auf eine zwanghafte, ja schon fast kontrollierende Art und Weise im Rennen zu bleiben. Höre ich von dem und dem nichts, bin ich abgeschrieben. Finde ich nicht die passenden Worte, bin ich unbedeutsam und alle denken ich habe keinen Plan, kein Wissen, keine Ahnung. Wenn mich der und der nicht umwirbt und liebt, bin ich nicht liebenswert. Wenn ich bei der Gruppe den Anschluss verliere, dann bin ich nicht wichtig. Wenn mir diese Person keine Aufmerksamkeit schenkt, dann bin ich es nicht wert, dann steht meine Welt Kopf, dann habe ich keinen Grund glücklich zu sein. Wenn ich dieses nicht habe, dann bin ich arm. Wenn ich jenes nicht habe, dann bin ich nicht glücklich. Irrungen, Wirrungen, Materielles, Gedankenanflutungen, Verstrickungen und dadurch die Flucht in eine imaginär gestrickte Welt. Keine braucht mich, keiner liebt mich, ich bin allein. BULLSHIT! Bitte einfach nur SMASH!

Altes loslassen,
um neue Türen zu öffnen

Ina war auf einmal klar, dass genau diese Verhaltensmuster, Gedankenansammlungen und damit auch Lebensweise soooo viele Jahre ihr Leben beflisst hatte. Einfach nur schwachsinnig, wie sehr sie sich an etwas klammerte, Menschen, Dingen hinterherrannte und damit auch gar keinen Platz mehr hatte, einfach sie selbst zu sein. Geschweige denn sich selbst erkennen, annehmen und leben zu können. Es waren tränenreiche Erkenntnisse, Zeiten in ihrem Leben die sie einfach meistern musste, um erkennen zu können, wie wertvoll jeder Mensch als Individuum ist, wenn er seine Einzigartigkeit annimmt. Es war ihr Horror-Szenario nicht gebraucht zu werden, keine Antworten zu bekommen, nicht im Mittelpunkt zu stehen – obgleich sie nicht im Mittelpunkt stehen wollte- Wie auch immer, ohne Menschen um sie herum war sie einfach. Hatte Herzrasen. Ohne Entscheidungen anderer fühlte sie sich selbst nicht in der Lage welche treffen zu können. Ohne wenn dann kein dann und ohne dieses toxische Abhängigsein keine Zufriedenheit im Leben. Wie ein Wellengang auf hoher See. Ein auf und ein ab. Ein hin und ein her. Wanken, schwanken, kentern und liegen bleiben. Stets in der Hoffnung der Ritter auf dem weißen Pferd käme an und würde sie befreien oder andere würden für sie ihr Leben übernehmen. Würden sie auf die Beine stellen und ihr erklären, wie ihr Leben auszusehen hat und wie sie den nächsten Schritt gehen solle. Gestützt auf Sicherheit und dem Input anderer.

Ina lag noch immer auf ihrem Bett und sie fing an zu lachen, denn auf einmal wurde ihr bewusst, was sich alles verändert hatte. Alles!

Sie schöpfte ihre Kraft aus Sicht selbst und lebte leicht. Ja es gab auch immer mal wieder Phasen, in denen sie sich mal wieder mehr bewusst werden musste, wer sie ist, was sie wirklich will und wie der Weg aussehen darf, aber: das war vollkommen ok für sie. Denn macht uns nicht genau das menschlich?

Ihr kam immer mehr der Drang auf, ihren Traum zu leben. „Was, wenn irgendwann zu spät ist und irgendwann nie ist?" Als ihr diese Erkenntnis durch den ganzen Körper ins Bewusstsein schoss, öffnete sie ihre Augen und stand vom Bett auf.

Keiner kann uns glücklich machen. Keiner für uns unsere Wünsche erkennen. Keiner kennt unsere Sehnsucht und unseren Traum so gut wie wir selbst. Keiner kann uns glücklich machen, denn das ist unser Job.

Warum stehen wir manchmal wie betäubt auf einem Fleck, während die Zeit an uns weiter vorbeizieht und wir uns fragen warum wir hier genau an dem Fleck allein stehen bleiben. Weil es nicht die Aufgabe anderer ist für unser eigenes Glück zuständig zu sein.

Ina erinnerte sich genau in diese Momente, an denen sie immer hoffte, jemand würde kommen, ihr sagen was zu tun ist und sie damit retten.

Nun waren ihr zwei Dinge bewusst. Nein nicht nur bewusst, sondern sie konnte es sogar richtig fühlen, mit jeder Zelle in ihrem Körper. Zum einen stellte ihr das Leben immer wieder die gleichen Herausforderungen, bis sie sie eigens meisterte und zwar von ganzem Herzen und aufrichtig ohne sich dabei etwas schön zu reden und zum anderen lag es allein an ihr wie sie ihr Leben lebte. Dadurch wie sie es lebte, sendete ihr das Leben auch das passende zurück. Und was sie auch lernen durfte: nicht an jedem Tag scheint die Sonne und es ist auch vollkommen okay diese Tage einfach anzunehmen. Annahme ist der erste Schritt auf den Weg zu sich selbst. Je näher sie sich selbst kam, für sich einstand und ihrem Herzen folgte, desto freier wurde ihr Leben. Frei im Sinne davon unabhängig von ihrem Umfeld unabhängig in ihrem Handeln zu bleiben. Nicht nur in ihrem Handeln, sondern auch Empfinden. Die Vergangenheit hatte ihr gezeigt, wie oft sie doch darauf gesehen hatte, wie sich andere verhalten hatten und dadurch auch sie selbst dieses Verhalten, die Emotionen und all das mit zu ihrem gemacht hatte. Nun erkannte sie aber die Unterschiede was es hieß für andere da sein zu können und sich dabei auch nicht abzustufen. Jeder Mensch hat seine Einzigartigkeit und keiner ist genau durch einen anderen ersetzbar. Wenn es echt ist, werden Bindungen, die halten sollen, auch immer halten. Warum? Weil es jeden Menschen nur genau einmal gibt. Das war ihr lange Zeit nicht mal klar. Da war für sie das Leben ein Wettbewerb. Wer ist schöner, schlauer, erfolgreicher. Wer wird mehr gemocht. Dabei verlieren sich Menschen genau in diesem Wettbewerb. Denn sie sind so beschäftigt auf andere zu achten, dass sie sich selbst aus den Augen verlieren. Was bleibt ist ein emotionaler Ballon, der wie in Achterbahnzügen auf und ab schweift. Dass aber wir selbst unser einziger sicherer Hafen sind, gerät dann dabei völlig außer Acht. Dabei ist die Achtsamkeit mit uns selbst doch der Schlüssel zu genau dem, was nur wir uns geben können – nämlich das Gefühl uns an erster Stelle stehen zu haben. Und nein – bitte keine

Verwechslung mit Egoismus! Es geht schlicht weg darum, dass nur wir uns selbst aus unseren Gewohnheiten, Mustern und Ketten lösen können. Denn wir haben die Sorgfaltspflicht um und für uns selbst zu sorgen. Woran wir das erkennen können? Ina beispielsweise hatte an vergangenen Tagen ihren Selbstwert davon abhängig gemacht, wie die Resonanz auf sie war. Jeden Satz vorgemacht, bevor sie auf Menschen traf und in Gespräche ging. Sich alles klein und dabei auch schlecht geredet. Sich selbst so mürbe gegrübelt, dass kein Raum mehr für anderes blieb. Anstatt sich selbst zu fragen: was brauche ich gerade, dass es mir gut geht und damit auch meinem Umfeld. Fragte sie sich: was kann ich für mein Umfeld tun, wenn kann ich retten, dass ich die Idee davon bekommen kann, dass es mir auch gut geht. Wenn sich jemand bei ihr aus dem Umfeld eine Weile nicht meldete, ging für sie die Welt unter. Sie brauchte das Gefühl gebraucht zu werden, wichtig für andere zu sein. Ihr ging es um die Quantität der Kontakte.

Immer mehr wurde Ina bewusst, dass es im Leben eins gab: das, was sie lebte, zog sie in ihr Leben!

Fühlte sie sich in absoluter Fülle, kam genau das auf sie zurück. Dann war das Leben leicht und alles kam wie zugeflogen.

„Mensch, warum habe ich das nicht eher gefühlt?", kam es in ihr auf. Die Antwort war simpel: sie durfte all diese Erfahrungen sammeln – egal wie schwer sie auch waren – um zu verinnerlichen, wofür sie auf der Welt war und um auch annehmen zu können, wie leicht das Leben sein darf. Wenn man es sich eben erlaubt. Das faszinierende war allerdings auch, dass sie immer glaubte es seien äußerliche Dinge oder Menschen oder auch immer notwendig, dass es ihr gut ginge. Dabei war es alleine ihr selbst zu getragen.

Wer sie sein wollte oder auch nicht. Was sie tun wollte oder bleiben lassen. Was ihr Leben voranbrachte und sie selbst oder ob sie lieber auf der Bremse stehen bleiben wollte. Viel mehr drum herum gab es nicht. Und viel mehr brauchte es auch nicht.

Glück beginnt genau dort, wo wir beginnen wir selbst zu sein. An dem Punkt an dem wir uns erlauben, dass es uns gut gehen darf, anstatt uns selbst Kraft und Energie zu rauben und uns dadurch eigens zu manipulieren.

Umsetzungszeit

Da war immer noch dieser eine Traum, der in Ina inne wohnte.

Ihr Traum vom Leben in den Bergen.

„Ina dann geh los, fahr hin und entscheide, was für dich das beste ist", sagte ihr Coach ihr. Dabei war das Gefühl schon so stark in ihr. Sie traute es sich nur noch nicht recht zu.

Und dann kam dieser eine Tag, der ihr Leben verändern sollte:

Es war ein frischer Frühlingstag, an dem Ina sich auf den Weg machte. Eine Reise in die Berge sollte es werden. Was Ina noch nicht wusste: es sollte die Reise zu ihr selbst werden.

Wie das gehen sollte? Sie startete die Reise und in dem Moment nahm alles seinen Lauf.

Sie war einfach los gefahren. Ohne Plan einen Ort vor Augen zu haben, aber mit dem Ziel anzukommen. Und etwa nicht an einem x-beliebigen Platz, sondern dort wo ihr Herz zuhause war. Unser Herz kenn den Weg. Warum sollten wir uns nur von unserem Kopf leiten lassen? Verstand ist wichtig aber in gewissen Momenten im Leben keine Option. Wann erlauben wir uns denn erstklassig mit uns selbst zu leben?

Denn dann stehen für uns bedingungslos ein. Nur dann!

Ina kam nach einigen Stunden Fahrt an jenem Ort an, der für sie aus der Ferne heraus, dem ihres Traumortes schon sehr nahe kam. Sie öffnete die Autotür und setzte den ersten Fuß auf den Boden. Es fühlte sich an, einen Untergrund zu betreten, auf dem sie schon häufiger stand. Ja fast schon wie in einem Wohnzimmer oder ähnlichem.

Manchmal braucht es keine Erklärungen oder Logik für etwas im Leben. Vielmehr ist es dann der innere Kompass, der unsere Führung übernimmt und uns dadurch auf unseren Weg lenkt. Ja und das, was uns dann meilenweit entfernt erscheint, wird auf einmal so nah und greifbar, aber vor allem sind es diese Momente, in denen wir uns einfach lenken lassen.

Kennst du das vielleicht, dass erst etwas so weit entfernt scheint und dann doch plötzlich so nah ist?

Ja? Wenn unser Verständnis dessen, was sich gerade in unserem Leben ereignet, total aussetzt. Weil wir begreifen möchten. Illusionen nach laufen. Und uns nicht mehr bewusst sind, was wir uns eigentlich noch treibt und in welche Richtung?

Dann ist der Moment gekommen, in dem wir darauf bauen dürfen, dass uns im Leben stets alles zur rechten Zeit am rechten Ort begegnen und zulaufen wird. Was uns das Leben damit wohl sagen mag? Dass es vielleicht einfach wahrend sein kann, wenn wir uns dem entgegenstellen, was uns die Tür versperrt. Energie folgt dem Gesetz der Anziehung. Ja das weiß so ziemlich jeder oder die meisten haben davon schon gehört, doch was davon ist dir wirklich bewusst? Was davon von alle dem treibt dich voran?

Fragen über Fragen und dabei kann die Antwort so simpel sein. Folge dem Ruf deines Herzens und du hast nichts mehr zu tun. Deine Träume, alles das, was in dir wohnt, will in seinem Licht erscheinen können.

Der Weg dort hin? Liegt in dir verborgen. Ob du ihn gehen magst, kannst nur du entscheiden. Du alleine. Sonst keiner.

Was uns ausmacht, wer wir sind und was wir tun obliegt alleine uns, aber: bitte halte dir stets vor Augen, dass es nur eine Person geben wird der du alle dem – ob du deine Träume verscheuchst oder den Weg gehen magst – alleine ausgesetzt bist: dir selbst. Keiner richtet dich so wie du. Keiner liebt dich so wie du – keiner ist so wie du, denn bei dir beginnt und endet alles. Reine Geschichte des Lebens. Deine Entwicklung. Deine Entscheidung. Alles möglich, aber alles kann auch im Verborgenen bleiben. Wie und was davon ans Licht kommen darf liegt alleine bei dir. Wenn du dich in dem ein oder andern Moment fragst, wie das gehen soll: folge deinem Herzen und tue es ganz und voller Hingabe. Nur in dem Moment sind wir echt. Wovon träumst du nachts? Oder am Tag? All diese Momente sind echt, aber ergeben unterm Strich drin sein. Also lautet die Frage: wer willst du sein? Welche Realität willst du dir erschaffen und wie willst du leben?

Sehnen wir uns nicht alle nach Liebe? Aber was, wenn diese Art der Liebe nur in uns selbst gefunden werden kann?

Wenn wir uns soooo soooo soooo sehr nach etwas sehen, dass uns kein anderer geben kann. Dass Mauern um uns herum entstehen, wenn wir uns selbst nicht so annehmen und lieben können, wie es unser höchstes Potenzial ergeben könnte. Und ja an dieser Stelle sage ich bewusst könnte, denn beten wir nur andere an und stehen uns dabei selbst im Weg, bleiben wir immer dort, wo wir schon immer wieder waren.

Gefällt es uns dort, dann ist es ok dort stehen zu bleiben.

Aber: glücklich machen können wir uns immer nur selbst. Kein anderer. Und: wir ziehen immer genau das in unser Leben – wer und auch wie wir gerade sind. Gerade deswegen, weil uns immer die Richtungen in die wir gehen möchten, offen stehen!

Wenn Ina vor nicht allzu langer Zeit jemand eine Meinung aufs Auge drücken wollte, nahm sie diese ohne zu hinterfragen an und suchte nicht weiter nach Möglichkeiten es in ihrem Sinne und besten Wohle anzunehmen. Nein, ganz im Gegenteil genau das war dann auf einmal ihre Realität. Zudem – was letztendlich noch viel schlimmer war – lebte sie von den Meinungen anderer. Ihre Träume hintenangestellt und zudem so trostlos und hoffnungslos, wenn ihre keiner einen Grund zum Leben gab. Warum nochmal war sie an so vielen Tiefpunkten in ihrem Leben gelandet, ja sogar bis zu diesem, an dem scheinbar nichts mehr weiterging. Ja genau dieser an dem sie beinahe ihr eigenes Leben verloren hatte, wurde ihr erst bewusst, was es hieß zu leben. Liebe – war für sie ein Instrument, um sich überhaupt irgendwie auf irgendeine Art lebhaft und am Leben teilhabend fühlen zu können. Worauf es hinauslief war klar. Ein Leben in Abhängigkeiten. Das Gefühl für sich selbst einzustehen und ihrem freien Willen in bedingungsloser Liebe folgen zu können, war nahezu ein Fremdwort für sie. Was sie nicht bekam forderte sie nicht ein. Wie das gemeint ist? Nun ja, wenn Ina beispielsweise etwas wollte, dann war es meist um die Löcher und Lücken zu füllen, die sie selbst nicht in der Lage war wieder eigens zu füllen. Sich selbst zu erfüllen. Sie gab sich selbst keine Liebe und Zuwendung, also forderte sie es bei anderen ein und auch an anderer Stelle. Sie brauchte das Gefühl von anderen Menschen gebraucht zu werden, wie die Luft zum Atmen und wenn ihr diese Person weg fiel, dann brach ihr Leben wie ein Kartenhaus zusammen. Denn ihr Fundament waren immer die anderen. Nie sie selbst. Sie tat das am liebsten, was andere taten. Was andere sagten. Was andere machten. Immer aus der Angst heraus, für das, was sie tat und für der Mensch, der sie war, abgelehnt werden zu können. Eine Endlosigkeit an Bedingungen an sich selbst und ihr Leben. Aber auch an die Menschen um sie herum. Denen sie selbst es zur Aufgabe machte, für sie die eigene Lebensrolle zu übernehmen und sich auf der anderen Seite stets als Opfer fühlte.

Aber: all das wurde ihr nun erst bewusst und sie konnte es fühlen. Es ging weniger um das, was sie dachte, sondern viel mehr um genau das, was sie fühlte. Was in ihr wach wurde und auflodderte. Das Verlangen nach Leben. Nach einem eigenbestimmten Leben. Einem Leben, in dem sie auf der einen Seite selbst ihr sicherer Hafen sein konnte und auf der anderen Seite ihre eigenen und persönlichen Träume realisieren, umsetzen und leben konnte. So lange Zeit hatte sie all das hintenangestellt. War sich dessen gar nicht bewusst. War nicht bedingungslos, weder zu sich selbst noch zu anderen und am allerwenigsten hatte sie ein Gefühl dafür, was wirklich bedingungslose Liebe zu sich selbst und dadurch auch zu anderen bedeuten konnte. Viel zu viel Ablenkung im Außen hatte ihre Welt bestimmt. Materielle Dinge, die ihr Befriedigung schafften. Sex und Männer um Aufmerksamkeit und eine Art Liebe zu erhalten. Freundschaften in denen sie nur gewillt war zu geben, ohne dabei nehmen zu können, weil ihr der Drang nach Anerkennung und Unentbehrlichkeit so viel darüber hinweg half, dass sie sich selbst so unbedeutend und ja auch schon fast wertlos hinnahm. Sie fühlte sich nicht gesehen. Sie sah sich selbst nicht. Sie fühlte sich nicht geliebt. Sie liebte sich selbst nicht. Sie fühlte sich einsam. Sie schottete sich von sich selbst ab. Sie war wie verloren. Sie wollte nicht hinschauen. Sie fühlte sich im Mangel und lebte es voll aus. Sie erlaubte sich die Fülle nicht. Sie erschien sich wertlos. Sie gab ihrem Leben und damit sich selbst keinerlei Wert.

Manchmal schreien wir uns innerlich selbst an und gehen mit uns zu hart ins Gericht. All das sind diese Momente, in denen wir alles im Mangel betrachten. Wie schlecht es uns geht. Was wir nicht haben. Dann fehlt uns schlicht weg der Glaube an uns selbst und an all die Potentiale, die wir leben könnten, wenn wir es uns zugestehen wollen würden. WENN! Stopp! Stopp bitte – wie wir es auch noch bei Ina erfahren werden, um diesen kleinen Vorgriff zu machen – alles was dich belastet. Alles, was dir schwer aufs Gemüt fallen könnte, denn: alles, was uns zu einem erfüllten, gesunden und glücklichen Leben verhelfen kann, liegt bereits ins uns drin. Und ja, manchmal braucht es dann einfach auch nicht mehr, als uns all diese Farben und Möglichkeiten selbst zu erlauben. In unser Gefühl zu gehen, anstatt in Stille zu harren. Bunt zu leben und zu träumen, anstatt es uns zu verwehren.

Manchmal stehen wir im Leben und haben das Gefühl in einem falschen Film zu sein. Nichts läuft. Keine Aufträge, keine Liebe, keine Fülle. Wir harren in dieser Position und ärgern uns noch mehr darüber, dass es gerade ist wie es ist und ziehen uns dadurch selbst immer weiter nach unten. Aber bei den anderen läuft es doch, aber ich kann das nicht, aber das hat noch nie geklappt. KLAR! Solange du selbst dir einredest, dass es so ist, wird es immer deine Wahrheit bliebn! Aber wie wäre es denn die Träume in dein Leben zu ziehen, die dich in allem erfüllen, die dir Grenzenlosigkeit schenken, weil in dem Moment alle Energie – deine Energie – sowas von lichtvoll und kraftvoll ist, dass es nur noch Laufen kann?! Und ja es wird immer mal Tage oder Phasen geben, in denen wir vielleicht mehr in Frage stellen oder uns auch mal zurück ziehen und damit nicht so ganz happy sind. Aber auch das ist vollkommen okay! Ja es ist okay sich alles zu erlauben, was man gerade braucht. Aber und das aber ist wichtig: alles ist jederzeit möglich und du alleine kannst entscheiden wer du sein magst. Wie du leben magst. Ob du das sein willst, was du schon immer warst oder ob du es jetzt genau jetzt wagst deine Träume bedingungslos zu leben und dabei für dich selbst deine eigenen Grenzen sprengst und in einen völlig neuen und authentischen Abschnitt deines Lebens sprintest.

Wie stark glaubst du an die Magie deines Lebens?

Nimm die Frage gerne einmal mit und wir schauen nochmal gemeinsam, was sich bei Ina und ihrer Ankunft in dem Land ihrer Träume tut.

Gänsehautmomente – wenn Träume wahr werden

Ina hatte ihr Auto auf einem Parkplatz am Rande einer Alm geparkt. Sie lief weiter über den vertrauten Teppich aus Gras, auf dem es ihr schien schon immer hier gewesen zu sein. Sie blickte um sich herum. Alles schien so vertraut und nahbar und so angenehm und so einzigartig und wundervoll. Die Sonne strahlte über ihr so grell, dass sie die Augen zusammenkneifen musste. So strahlend und so kraftvoll. Ein wunderbares Gefühl, wie die Sonne ihre Haut küsste. Ja Ina fühlte sich richtig geküsst von dem Frieden um sie herum, der auf den Frieden in ihr traf. So dankbar. So gesegnet. So kraftvoll und warm.

Genau in diesem Moment wurde ihr so stark bewusst, dass alles, was sie bisher durchlaufen hatte, sein musste, um nun diesen Moment endlich aus ganzem Herzen dankbar annehmen zu können und ihn genießen. Ja wahrlich und wahrhaftig auskosten und leben.

Sie stand an dem Punkt im Leben, an dem ihr Leben beinahe zu Ende war. Wie ausgelöscht. In ihr kam plötzlich dieses Gefühl auf. Dieses Gefühl, dass von nun an alles anderes werden würde. Dass es ihr ab jetzt einfach nur noch gut gehen darf und sie selbst die sein kann, die andere motiviert. Wie? Na indem sie ihre Geschichte erzählt. Ihr wurde so stark bewusst, dass es nicht nur ihr so gehen musste, ja vielleicht sogar, dass andere an die Seite des Lichts gar nicht mehr dran kommen konnten und es aber auch noch die Möglichkeiten geben sollte, dass genau diese Menschen durch jemanden, der genau das durchlebt hatte, einen Hoffnungsfunken bekommen könnten. Nicht Konjunktiv, können!

Ina war auf einmal voller Träume und voller Glanz und Licht.

Die Zeit dort gab ihr die Bestätigung, dass genau jetzt der Moment war, in dem sie handeln musste und dort hin ziehen. Sie wünschte sich aus ganzem Herzen dort schnell ein Leben aufbauen zu können. Um so nahe an ihrem Kraftort den Bergen sein zu können und es ging rasend schnell. Binnen weniger Wochen hatte sie kaum in der alten Heimat zurückgekehrt ihr Leben einmal von links nach rechts gedreht. Es war ihr ein Rätsel – und zugleich auch nicht – wie magisch alles lief. Neuer Job, neue Wohnung, neues Leben. Voll in dem Bewusstsein und der tiefen Dankbarkeit immer wieder auch in die alte Heimat zu Besuch zurückzukommen, denn es war keine Flucht, nein, es war das sich erlauben an dem Ort zu leben, der für sie bestimmt war.

Sie lehnte sich auf ihrem Balkon zurück. Betrachtete die grasenden Kühe auf der Wiese vor ihr und klappte entspannt ihren Laptop auf: sie schrieb ihr Buch des Lebens selbst. Und das im wahrsten Sinne des Wortes, denn ihr wurde immer mehr bewusst, dass sie selbst der Magier ihres Lebens war. Ihr Leben sich so manifestieren und umwandeln konnte, dass es ihr selbst damit gut ging und sie ihre wahre Freude ausleben konnte. In Liebe alle Wunder dieser Welt genießen konnte, weil sie es sich selbst aber auch erlaubte und fern ab von alten Illusionen wusste: hier an meinem Ort, an dem ich mein Buch schreibe, mein eigener Rettungsanker bin und mich selbst in allem annehme und liebe, kann mir nicht passieren, denn: hier ist einfach alles anderes als es je zuvor war und in mir auch. Ich bin bereit alle Wunder dieser Welt anzunehmen und zu leben und auch wenn nicht jeder Tag, jeder Augenblick perfekt sein kann, so weiß ich, dass perfekt meine eigene Definition beinhaltet und das alles so wie es ist gut und richtig ist. Ohne wenn und ohne aber. Ohne Kompromisse, Vergleiche oder ähnliches. Jedes Individuum ist genau so wie es ist, einzigartig, unvergleichbar und wundervoll und wenn wir das fühlen können, dann steht uns alles offen. Denn dann sind wir in der Lage in unserem höchsten Glanz zu leuchten, zu wachsen, zu strahlen und unmögliches möglich zu machen.

Glaube versetzt Berge. Das mag für den ein oder anderen abgedroschen klingen, dabei ist es die Wahrheit. Denn wie wir alle wissen oder es alleine schon durch die Physik belegt wurde, Energie folgt der Energie. Was wir glauben zu sein werden wir eines Tages sein.

Erinnerungen – wo eine Tür sich schließt, öffnet sich eine Neue

Dieses Buch soll uns daran erinnern, dass wir jede Möglichkeit in uns tragen unseren Traum zu leben und dass egal, wie das Leben um uns herum spielt, es immer an uns liegt. An uns, wie wir unsere Welt sehen und wie wir mit Erfahrungen umgehen. Wie wir uns selbst und dadurch auch die Welt um uns herum sehen. Es ist nie zu spät deinen Traum zu leben, denn aus den größten Krisen unseres Lebens können die größten Wunder entstehen. Genau in dem Moment, in dem wir unseren Blickwinkel wechseln und unsere Chancen dankbar annehmen. Zuerst geht es darum, dass wir uns unseres Traumes bewusst werden und ja, wenn wir ihn spüren und greifen können, dann ist genau der Zeitpunkt ihn in unser Leben zu rufen und ihn wahr werden lassen. So viele Menschen verbringen damit ihre tiefsten Wünsche hinter Gitter zu stecken. Doch wie würde unsere Geschichte lauten, wenn wir uns einfach trauen würden ihn zu leben?

Kennst du diesen Impuls des Lebens? Du siehst etwas, das dich total inspiriert und denkst dir: wow, das ist klasse! Würde ich auch gerne mal tun und dann im nächsten Moment: irgendwann. Aber: was ist denn wenn irgendwann zu spät ist. Der richtige Moment jetzt ist und du dich viel freier und besser fühlen würdest, wenn du es einfach tun, anstatt tot zu denken würdest? Was, wenn der Moment nicht ewig sich dir bietet und du irgendwann nur noch still und leise für dich denkst: hätte ich es bloß mal gemacht. Den Augenblick gibt dir keiner mehr. Die Chancen auch nicht. Also Hand aufs Herz und total ehrlich zu dir selbst: worauf wartest du?

Viel zu oft blockieren wir uns selbst im Leben. Doch Mangelgedanken, durch Selbstabwertungen, durch noch so vieles mehr. Wir betäuben uns durch überflüssigen Konsum von Verschiedenem, begeben uns in Abhängigkeiten und machen uns das Leben unnötig schwer. Es kann aber auch so leicht gehen und so einfach. Es liegt an uns, ob wir uns selbst als Opfer unserer Geschichte sehen und dementsprechend die Gegenwart betrachten und uns für die Zukunft verurteilen, oder: wir nehmen dankend die Erfahrungen an, die uns das Leben geschenkt hat, um daraus zu lernen. Frei und dankbar den Moment genießen und voller Träume und Visionen in die Zukunft blicken. Es liegt an uns und in uns, diese Schätze in uns gilt es hochzuholen, zu wahren und dankbar anzunehmen.

Lebe jetzt. Lebe deinen Traum. Sei mutig und frei.

Von Herzen Danke

An dieser Stelle ist der Punkt gekommen, an dem ich mich von ganzem Herzen bei meinen Herzensmenschen in meinem Leben bedanken möchte. Egal wie schwer Tage und Zeiten waren und egal wie weit oder nah Entfernungen sein möchten, es gibt Menschen, die gehen direkt ins Herz und bleiben dort. Ich möchte mich ganz besonders bei diesen Menschen bedanken, die immer an meiner Seite standen und heute noch stehen. Es ist keine Selbstverständlichkeit im Leben, einen gemeinsamen Weg zugehen, aber umso wundervoll, wenn man sich gegenseitig begleiten darf. Und auch, wenn die Tage noch so dunkel erscheinen möchten, es gibt immer einen Grund im Leben weiter zu gehen und weiter zu machen und niemals aufzugeben. Denn es ist dein Leben und du hast nur eins. Anstatt nach Gründen im Leben zu suchen, warum etwas nicht gehen sollte, müssen wir den Fokus darauf legen, was alles möglich sein kann, wenn wir uns eingestehen unsere Wunder eigenmächtig erleben zu dürfen. Meine Familie, meine wahren Herzensfreunde und auch meine treuen tierischen Wegbegleiter standen immer an meiner Seite. Das ist ein Felsen aus Dankbarkeit, der wie ein Diamant im Licht erglänzt und glitzert. Alle Facetten des goldenen Lichtes werden uns mit Wärme, Liebe und Stärke umhüllen, wenn wir an den Punkt gelangen, dass es ein Leben im Hier und Jetzt gibt. Desto mehr wir uns selbst und unseren Träumen nähren, desto mehr kommen wir ins Leben und möchte ich an dieser Stelle nun auch dir danken, dass du den Weg bis hier hin mit gegangen bist. Lebe munter und frei und erlaube dir selbst deine Träume zu leben!

Die Autorin

Lena Marie Brecht ist studierte Agraringenieurin, die neben der Liebe zur Landwirtschaft auch die Passion für den Reitsport, die Jagd, Natur und Tiere lebt. Ursprünglich aus dem sonnigen Rheinhessen Deutschlands kommend schlief schon seit Kindesalter der Traum in ihr, küstennah in Schleswig-Holstein leben zu können.

Als sie sich diesen Traum erfüllte, inspirierte sie das zu ihrem ersten Werk „Träumst du noch oder lebst du schon?" Ihr Herzensanliegen ist es, durch ihre Geschichten des Lebens andere Menschen zu motivieren, sich für ihr eigenes Leben zu begeistern und jeden Augenblick im Leben für sich selbst zum Besten zu wenden. Getreu dem Motto: Neige dein Gesicht zur Sonnenseite deines Lebens.

Der Verlag

novum — VERLAG FÜR NEUAUTOREN

> *Wer aufhört besser zu werden, hat aufgehört gut zu sein!*

Basierend auf diesem Motto ist es dem novum Verlag ein Anliegen, neue Manuskripte aufzuspüren, zu veröffentlichen und deren Autoren langfristig zu fördern. Mittlerweile gilt der 1997 gegründete und mehrfach prämierte Verlag als Spezialist für Neuautoren in Deutschland, Österreich und der Schweiz.

Für jedes neue Manuskript wird innerhalb weniger Wochen eine kostenfreie, unverbindliche Lektorats-Prüfung erstellt.

Weitere Informationen zum Verlag und seinen Büchern finden Sie im Internet unter:

www.novumverlag.com